道德經

老子道德文化的真理

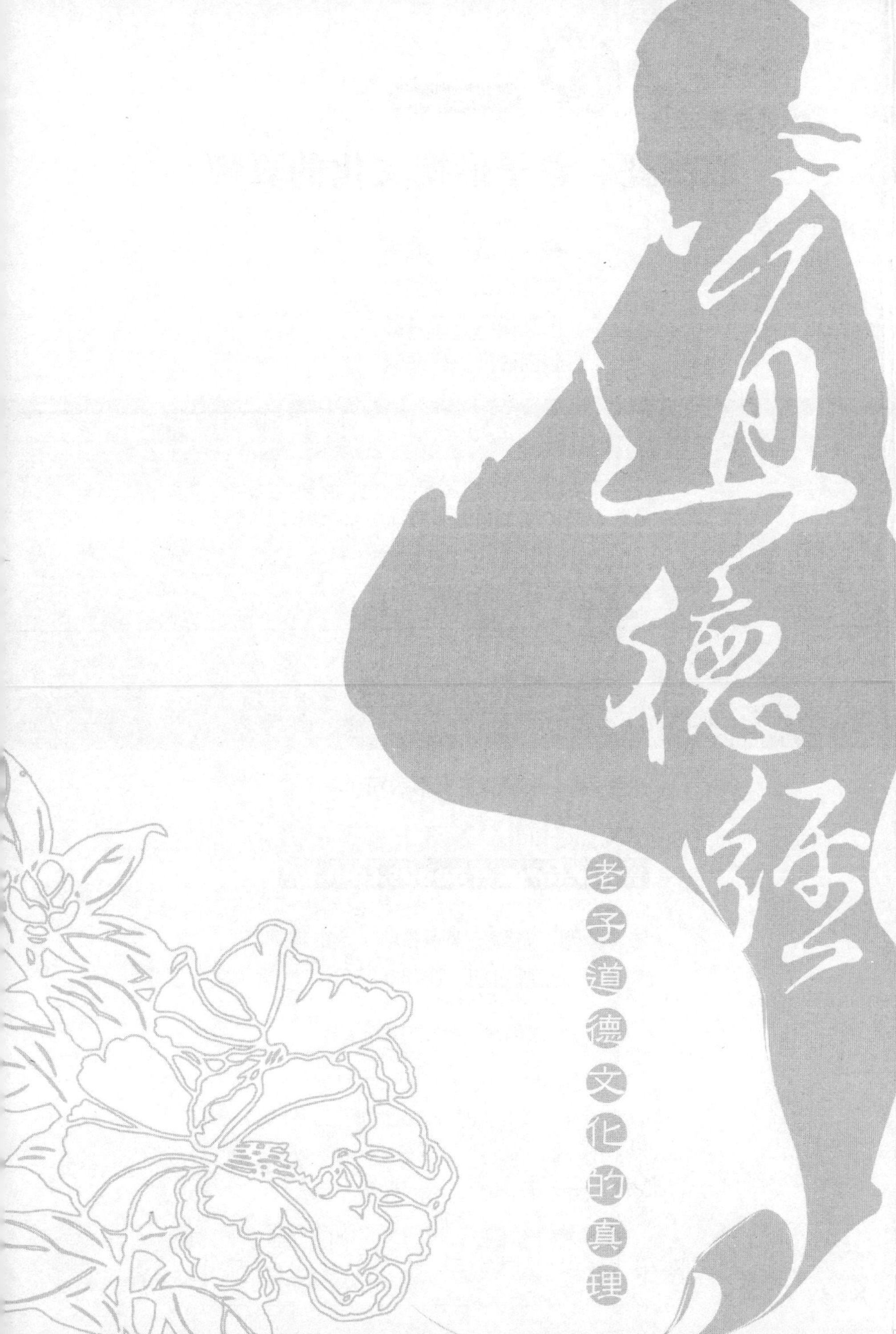

培育文化

經文智慧全集 09

道德經：老子道德文化的真理

編　　著　李鳳棋
責任編輯　廖美秀
內文排版　王國卿
封面設計　姚恩涵

出版者　培育文化事業有限公司
信箱　yungjiuh@ms45.hinet.net
地址　新北市汐止區大同路3段194號9樓之1
電話　（02）8647-3663
傳真　（02）8674-3660
劃撥帳號　18669219
CVS代理　美璟文化有限公司
TEL／(02)27239968
FAX／(02)27239668

總經銷：永續圖書有限公司

法律顧問　方圓法律事務所　涂成樞律師
出版日期　2016年02月

國家圖書館出版品預行編目資料

道德經：老子道德文化的真理 /
李鳳棋編著. -- 初版. -- 新北市 : 培育文化,
民105.02 面 ; 公分. -- (經文智慧全集 ; 09)
ISBN 978-986-5862-76-3(平裝)
1.道德經　　2.研究考訂
121.317　　104027928

前言

老子，姓李名伯陽，也稱李耳，號老聃，因初生時頭髮皆白，故世稱老子。老子曾做過周王朝的史官，他學問博大精深，是一位偉大的思想家、哲學家、科學家、道家學派創始人，居世界十大思想家之首。被譽為東方巨人、中國和世界的第一哲人。他在中國和世界思想史、文化史、宗教史等方面都是有巨大影響的人物。老子開創了哲學本體論，是第一位真正意義上的哲學家。老子創立的道德文化對老子以後的諸子百家產生了深刻的影響，他是公認的「百家之祖」。乃中國古代文化的奠基人，並曾為孔子的老師。《道德經》是老子思想的精髓，強調人與自然和諧，尊重客觀自然規律，這是中華傳統文化不可缺少的重要部分。他所撰寫的《道德經》也就自然地成為人類道德論的開山之作。

《道德經》是一部歷朝歷代學者已經研究了兩千多年的皇皇巨著。其內容涉及哲學、文學、美學、醫學、軍事學、社會學、倫理學、天文學、養生學，被譽為「萬經之王」、「百科全書」。《道德經》不但影響了漢代以來兩千年的思想史，而且也受到西方思想家的重視，已成為世界哲學寶典之一。

《道德經》分為上下兩篇，上篇起首為「道，可道，非常道；名，可名，非常名」，所以人稱《道經》；下篇起首為「上德不德，是以有德；下德不失德，是以無德」，所以人稱《德經》。

《道經》講的是宇宙和自然的規律，也可以稱作是人類的自然觀和世界觀，對於我們人類而言，只有認識這些規律，順從而不違背這些規律，適應這些規律，利用這些規律，一旦我們人類違背了大自然的規律，那麼我們一定會遭到殘酷的報應和懲罰的，甚至會帶來滅頂之災。

《德經》講的是人類的人生觀和社會觀。道出了人事的進退之術，包含了長生久視之道。

當前，世界性的「老子熱」、「大道熱」，其勢洶湧澎湃，這不是出於偶然，而是老子道德文化的真理光輝的現實再現。

德國哲人尼采稱讚老子《道德經》：「像一個永不枯竭的井泉，滿載寶藏，放下汲桶，唾手可得。」德國的海德格被譽為二十世紀最偉大的哲學家之一。《環球時報》二〇〇四年一月十六日載文道：海德格更被認為是最直接地從《道德經》中吸取了思想資源。該文章還寫道：值得注意的是，西方哲學家閱讀老子思想，都是要從中獲取能夠拯救西方文明危機的良方。而他們的確發現，《道德經》對人與自然關係的和諧理解、為人處世的自然態度、德性培養的修行方法，對彌補西方文明中的精神失落和強權意志等，都具有非常積極的作用。

今日美國最富代表性的哲學家理查·羅遜、法國當代思想大師德希達，他們都明確表示自己的哲學理念與中國傳統思想有異曲同工之妙。一位研究中國古典文化、赴大陸學習的美國學者芭莉婭，在讀了《道德經》一書後曾崇拜地感嘆道：「老子的智慧是人類的智慧。」她說，在美國的歷史上似乎還找不到像老子這樣大徹大悟的哲學家。美國學者蒲克明肯定《道德經》是未來社會家喻戶曉的一部書。而有英國學者指出，市場經濟思想的真正鼻祖不應是英國人亞當・史密斯，而是提出「無為而治」思想的中國老子，比如「我無為而民自化，……我無事而民自富」等等。

「智慧的神瓶」是指中國的道德文化。德國總理施羅德曾在電視上呼籲每個德國家庭去購買一本中國的《道德經》，以幫助解決人們思想上的困惑。美國前總統雷根在一九八七年國情咨文中引用了《道德經》中「治大國若烹小鮮」這句治國名言，立即成為美國人津津樂道的哲理之言，同時使《道德經》在美國立刻身價倍增。

本書在原文的基礎上，參考前人注解，對原文中難解的字詞作了注釋，為原句配上了相應的譯文，尤其是加上了精采的智慧解析，以及穿插古今中外的經典故事，力求透過通俗的語言、生動的故事闡釋精譬的道理，使生活在現代的我們更容易理解距我們兩千年前老子的思想精髓。

目錄

目錄

01 玄之又玄，衆妙之門

【引語】

「道」可以說是《道德經》的根本核心。「道」並非固定程序，亦非常形，它是哲學，是對世界的抽象認知，又是對具體事物具體分析的活的思維。老子在這裡所謂的「道」就是指宇宙和自然的規律，也可以稱作是人類的宇宙觀、自然觀或世界觀。

【原文】

道可道，非常道；名可名，非常名。無，名天地之始；有，名萬物之母。故常無，欲以觀其妙；常有，欲以觀其徼。此兩者，同出而異名，同謂之玄。

玄之又玄，眾妙之門。

【注解】

道：名詞，指現象界的道（方法、術），如治國之道、處世之道、養生之道等。道：動詞，說明、敘述、論述之意。道：名詞，指創生天地（宇宙）的母體，恆常的道。名：名詞，指現象世界的物、事、象。名：動詞，命名、稱呼之意。名：名詞，指恆常的道。徼：邊界、終結、結果。玄：幽昧深遠的意思。門：產育之門。

【譯文】

「道」，是不可以用言語來說明的，否則，它就一定是失去了「道」的真實涵義了；「名」，是不可以用文字來表述的，凡是可以用文字來命名的，就一定不是真正的「名」。「無」，是天地萬物的開始，是天地創始的根源；天地產生以後就是「有」，就由天地產生萬物並滋養萬物。所以經常從無目的、無拘束、無偏限的狀態，來觀察「道」無名無形的微妙；經常從有目的、有拘束、有偏限的狀態，來觀察「道」有名有形之處的真實。無名無形、有名有形都來源於道，是「道」的兩種不同的形態和境界的同一真理，這兩種變化都可以叫做「玄」。玄妙深處還隱藏著更深層的玄妙，是產生現象世界森羅萬象的物、事、象的產育之門。

【故事】

有一位客人去侯子家訪問，送了他一隻獐子。侯子問：「獐子可以馴化嗎？」客人回答他說：「在太平盛世裡，野獸都可以成群地出遊，你難道不相信嗎？為什麼獐子不可以馴養呢？」侯子說：「對呀，我試試看吧！」

侯子為獐子造了間房子，開始馴養牠。獐子的情緒很不穩定。牠一會兒低聲呦呦地叫，叫過之後，就靜靜地待在那裡，一動也不動，好像在思念什麼；一會兒又嗥嗥地大叫，顯得很悲涼。到了晚上，獐子不願被囚禁在房子裡，常常用頭去撞門。如果有人走近去看牠，牠就驚恐萬狀地在角落裡縮成一團，一動也不動地盯著來人。獐子雖然在這些方面表現得與人很相似，但還是難以將牠的野性馴化。

仲虺王子聽說了這件事，就去對侯子說：「你顯然不善於馴養獐子，為什麼你不把牠交給我馴養呢？」

侯子回答說：「你的院子裡面有兩條狗，大的像西旅氏的猛狗，小的也是韓之盧的後代，十分勇猛。如果獐子被這兩條惡狗吃掉了，那可怎麼辦呢？」

王子聽了哈哈大笑，說道：「你不但不善於馴養獐子，而且也不瞭解我的兩條狗。我將會引著獐子去見那兩條狗，然後逐漸讓牠們在一起進食，逐漸讓牠們晚上同住一個地方，逐漸使牠們成為好友，而且還要讓牠們的關係日益親善。我既然要馴養獐子，當然只會使牠的生活更安定，怎麼會去傷害牠呢？」

侯子聽了這話，覺得有點道理，但還是囑咐說：「儘管如此，你還是派小童子看著點，用繩子把獐子拴起來，別讓狗太接近牠。」

王子聽罷沉思了一會兒沒有說話。於是，獐子就讓這位王子帶回去了。

過了三天，王子派人過來帶話給侯子說：「我已經不讓童子看顧獐子了。我的那兩條狗，看上去也很平靜、安寧，不像是想侵犯獐子的樣子。」

又過了三天，王子又派人告訴侯子說：「現在我已經把繩子解開了，我的那兩條狗，也能與獐子和睦相處，很是親熱。雖然獐子還是存有戒心，但我相信很快就會好起來的。」

又過了三天，王子再次派人送來消息：「獐子已經消除了戒心，與我的兩條狗真的是親密無間了。」

又過了三天，西旅氏狗卻趁獐子熟睡的時候，咬住了牠的喉嚨，韓之盧狗也上去咬住牠的兩肋，獐子就這樣被咬死了。

愚蠢的仲覓王子不顧獐子和狗本是天敵，硬要逼牠們相親相愛，當然會造成可怕的後果。我們做事絕不能違背規律蠻幹，否則後果是不堪想像的。萬物皆有其屬性，順其自然，便見世界真諦。

02 無爲之事，不言之教

【引語】

世界上沒有絕對或孤立的東西，任何絕對或孤立的觀點都是錯誤的。因此，人類在面對世界時只有跳出自我封閉的小圈子，站到時空和環境的立場上以客觀的行為做事，才能求得全面和公正；也只有這樣，才能解決好自身生存和發展的問題。這就是「無為」。

【原文】

天下皆知美之爲美，斯惡已。皆知善之爲善，斯不善已。故有無相生，難易相成，長短相形，高下相傾，音聲相和，前後相隨。是以聖人處無爲之事，行不言之教。萬物作焉而不辭，生而不有，爲而不恃，功成而不居。夫唯弗居，是以不去。

【注解】

有無相生：「有」、「無」，指現象界事物的存在或不存在而言。聖人：居住在俗世的以自然無為而無不為的修行得道者。無為：無爭、無欲，無違背自然規律的強求。不言：不發號施令，不用政令。「言」，指政教職工號令。「不言之教」，意指非形式條規的督教，而為潛移默化的引導。辭：言辭、說、標榜。恃：依賴、仗著。

【譯文】

天下都知道美之所以為美，醜的觀念也就產生了。都知道善之所以為善，不善的觀念也就產生了。有和無互相生成，難和易互相促就，長和短互為顯示，高和下互為呈現，音和聲彼此應和，前和後連接相隨。所以有道的人以無為的態度來處理世事，實行「不言」的教導。萬物興起而不造作事端。生養萬物而不據為己有，作育萬物而不自恃己能，功業成就而不自我誇耀。正因他不自我誇耀，所以他的功績不會泯沒。

【故事】

高陽應打算蓋一棟房子。

木匠對他說：「不行啊！木材還沒乾，如果把泥抹上去，一定會被壓彎。用新砍下來的濕木料蓋房子，剛蓋成雖然看起來很牢固，可是過些日子就會倒塌了。」

高陽應說：「照你的話說，我這房子鐵定是壞不了——因為日後木材會越乾越硬，泥土會越乾越輕，以越來越硬的木材承擔越來越輕的泥土，房子自然就壞不了。」

木匠無話可答，只得聽從他的吩咐去做。高陽應的房子剛蓋成的時候看起來也還不錯，後來果真倒塌了。辦任何事都必須遵循客觀規律。不顧一切地按照自己的主觀意志蠻幹，那就必然會失敗。

03 淡泊名志，寧靜致遠

【引語】

美好的東西實在數不勝數，我們總是希望得到盡可能多的東西，其實慾望太多，反而會成了累贅，還有什麼比擁有淡泊的心胸，更能讓自己充實滿足呢？選擇淡泊，拋棄貪婪吧！

【原文】

不尚賢，使民不爭；不貴難得之貨，使民不爲盜；不見可欲，使心不亂。是以聖人之治，虛其心，實其腹，弱其志，強其骨。常使民無知無欲，使夫智者不敢爲也。爲無爲，則無不治。

【注解】

尚賢：標榜賢才。不爭：指不爭功名。可欲：多欲之意。虛其心：使人的心靈開闊。弱其志：使人的意志柔韌。按此處「虛」、「弱」，為老學特有用詞，都是正面的、肯定的意義。

【譯文】

不崇尚、器重賢才的能力，會使人民沒有爭當賢才的慾望；不以難得稀有的財貨為貴，會使人民不產生偷盜和搶劫的慾望；不用能夠引起衝動的事引誘人民，人民的心就不會亂。因此，聖人治理政事所採取的方法是：使人民清心寡欲，滿足民眾的溫飽，人人都不強化自己的意志，人人都練就一副強壯的體魄。永遠使人民的意識保持在無知識、無慾望的狀態，即使有少數有才智的人明白如何去爭名奪利、滿足私欲，他們也不敢真的去做了。如果能夠這樣「無為」地去實踐，那麼天下也就沒有不長治久安的了。

【故事】

清朝乾隆、嘉慶年間，遼陽城裡出了一位才子，名叫王爾烈，他從小就很會詩文，書法也寫得很好，非常聰明，才資出眾，長大做官以後，清廉不貪，有雙肩明月，兩袖清風之譽。有一次，王爾烈從江南主考回來，恰逢嘉慶皇帝登基繼位，皇帝召見他說：「老愛卿家境如何？」王爾烈回答：「幾畝薄田，一望春風一望雨；數間草房，半倉農器半倉書。」嘉慶說：「老愛卿為官清廉，我是知道的，朕現在派你去安徽銅山鑄錢，你去上幾年，光景就會不錯了。」王爾烈到了銅山鑄錢，因為那裡有座清朝御製通寶的鑄錢爐。他在那裡工作了三年，又奉詔回到京城，嘉慶召王爾烈上殿，問：「老愛卿，這一回可以安度餘年了吧？」言外之意是，這一回從錢堆裡爬出來，該有不少「收穫」吧！王爾烈聽了以後，笑了笑：「臣依然是兩袖清風，一無所存。」嘉慶說：「不會吧！你再查查看！」王爾烈只好又回手一掏，從袖套裡掏出三個銅錢來，只見一個個磨得溜光雪亮，原來是鑄錢時用的模子。嘉慶皇帝見王爾烈如此清廉，十分感動地說：「卿真可謂老實！」

王爾烈並不富有，而且可以說是清貧得很，可是他過得充實滿足。但生活中的許多人並非如此，他們有太多的追求。著名作家林清玄曾在文章中講過這樣一個故事，自己一位朋友的親戚的姑婆從來沒穿過合腳的鞋子，她常穿著巨大的鞋子走來走去。

晚輩如果問她，她就會說：「大鞋小鞋都是一樣的價錢，為什麼不買大的呢？」

許多人不斷地追求巨大，其實只是被內在的貪欲推動著，就好像買了特大號的鞋子，忘了不合自己的腳一樣。不管買什麼鞋子，合腳最重要，不管追求什麼，總要適可而止。

現在許多人似乎覺得只有錢財才能帶給自己安全感，所以瘋狂地聚斂錢財，這種人把錢財看得比性命還寶貴，為了錢什麼事情都敢做，投機行險，貪贓枉法，徇私舞弊，玩忽職守，那麼等待他的也將是法律的嚴懲。

對慾望這種東西，因為它經常與生命的本能需求密切相連，以致我們不但沒有辦法全然否定它的功用，甚至也經常沒有辦法正確分辨哪些是正常需求，哪些是脫離了生命範疇的不正常需要。

慾望在正常需要範圍內的追求，應該是地球上所有生物無不具有的生命形態，它們在維護生命方面所展現出的種種衝動表現和行為上的自私自利，無論在優勝劣敗或弱肉強食行為上表現得如何殘酷，都只能說是來自於自然的稟賦，很難予以人為的調和及淡化。

04 挫銳解紛，和光同塵

【引語】

老子稱頌「道」雖然虛不見形，但不是空無所有，從「橫」的角度談，「道」是無限博大，用之不盡；再從「縱」的角度談；「道」又是無限深遠，無以追溯其來歷，它好像是自然萬物的祖宗，又好像是天帝（上帝）的祖先。從此說來，不是上帝（天帝）造物，而是「道」生上帝（天帝），繼生萬物。「道」的作用是宇宙至高無上的主宰。

【原文】

道沖，而用之或不盈。淵兮似萬物之宗；挫其銳，解其紛，和其光，同其塵。湛兮似或存。吾不知誰之子，象帝之先。

【注解】

沖：許慎《說文解字》，「盅，器虛也。老子曰：道盅而用之。」傅本作「盅」。盈：溢、破囊外溢。湛：《說文解字》，「湛，沒也。」清澈到幾乎不存在的程度。象帝之先：想像應在人類之前。象，想像；帝，人類祖先。

【譯文】

道是虛幻的，但它的作用卻沒有窮盡，它深邃似海、淵遠無限，就好像是萬物的源泉。挫掉鋒芒，消除糾紛，含斂光耀，混目塵世。它又那樣的空徹透明，似無還有地存在著，我不知道是誰開創了這個空間，想像是應在人類之前。

【故事】

有一次，有一個人去拜訪老子。到了老子家中，看到室內凌亂不堪，心中感到吃驚。於是，他大聲咒罵了一通揚長而去。翌日，又回來向老子致歉。老子淡然地說：「你好像很在意智者的想法，其實對我來講，這是毫無意義的。所以，如果昨天你說我是馬的話我也會承認的。因為別人既然這麼認為，一定有他的根據，假如我頂撞回去，他一定會罵得更厲害。這就是我從來不去反駁別人的緣故。」

從這則故事中，我們可以得到如下啟示：在現實生活中，當雙方發生爭執或衝突時，對於別人的批評，除了虛心接受之外，還要養成毫不在意的功夫。人與人之間發生爭執的時候太多了，因此一定要心胸豁達、有涵養，不要為了不值得的小事去得罪別人。而且生活中常有一些人喜歡論人短長，在背後說三道四，如果聽到有人這樣談論自己，完全不必理睬這種人。只要自己能自由自在按自己的方式生活，又何必在意別人說些什麼呢？

05 多言數窮，不如守中

【引語】

本章的內容主要包括兩層意思，第一層是老子再次表述了自己無神論的思想傾向，否定當時思想界存在的把天地人格化的觀點。他認為天地是自然的存在，沒有理性和感情，它的存在對自然界萬事萬物不會產生任何作用，因為萬物在天地之間依照自身的自然規律變化發展，不受天、神、人的左右。

第二層是老子又談到「無為」的社會政治思想，是對前四章內容的進一步發揮。他認為，作為聖人——理想的統治者，應當是遵循自然規律，採取無為之治，任憑老百姓自作自息、繁衍生存，而不會採取干預的態度和措施。「多言數窮，不如守中」即是本章的中心思想。

【原文】

天地不仁，以萬物爲芻狗；聖人不仁，以百姓爲芻狗。天地之間，其猶橐籥乎？虛而不屈，動而愈出。多言數窮，不如守中。

【注解】

天地不仁：天地無所偏愛。芻狗：芻是乾草，芻狗在此泛指動、植物。聖人不仁：聖人無所偏愛。即意指聖人取法於天地之純任自然。橐籥：古代用以冶煉時鼓風的工具，現稱為風箱。其外周為橐，其內鼓風者為籥。不屈：不竭。多言數窮：政令煩苛，加速死亡。「言」，意指聲教法令。「多言」，意指政令煩多。「數」通「速」。守中：持守中虛。

【譯文】

天地無所偏愛，任憑萬物自然生長；聖人無所偏愛，任憑百姓自己發展。天地之間，豈不像個風箱嗎？空虛但不會窮竭，發動起來而生生不息。政令煩苛反而會加速敗亡，不如持守虛靜。

【故事】

百貨公司的創始人馬克斯（Marks）是波蘭猶太人，出生於一個貧苦家庭，他的母親因為難產而早逝，馬克斯由姐姐撫養大。十九歲時，他決定自立自強，於一八八四年毅然離開家鄉，隻身來到英國碰運氣。

當他到達英國達里茲城時，已經身無分文，而且語言不通。值得慶幸的是這裡聚集了許多猶太人。有個叫杜赫斯特的猶太富商，專做批發百貨生意，他覺得馬克斯為人忠厚，卻因不懂英語，很難找到職業，便主動借給這個青年人五英鎊，要他做點小買賣維持生活。

由於馬克斯不懂英語，售貨時不好討價還價，於是所有貨物清一色售價一便士，並打出招牌「不要問價錢，每件一便士」，以此招攬顧客。由於服務良好，不久就樹立了品質優良、價格公道的形象。

兩年後，馬克斯便將「便士市集」開到約克郡和蘭開夏。後來他又聯合斯賓塞（Spencer）合股經營，打出「Marks and Spencer」的招牌，在倫敦鬧區設立了一家百貨店。

不久，斯賓塞和馬克斯先後去世。馬克斯的後代們成功地繼承了「薄利多銷，物美價廉」的傳統。

公司並不像大多數零售商那樣，從供應商手中購買成品，而是靠自己擁有的百名訓練有素的技術員與製造商合作，對商品設計、原料選擇、生產工序及質量檢驗等方面進行研究，按公司的要求進行生產，確保商品的優越性。

從事廣告業務二十多年的廣告公司主席米勒認為，瑪莎百貨公司的名聲確實很響，從廣告的角度看是反常現象，因為瑪莎百貨公司從不對外廣告宣傳，但他們的聲譽和名望卻不告而知，在英國無人不曉。

其實，有了優質的商品，有了響亮的牌子，他們當然不需要花冤枉錢去做廣告了。

確實如此，倘若有數以百萬計的人在你的商店川流不息，最有效的宣傳就是口碑。只有當口碑不能快速傳遞商品的動態時，才真正需要廣告。

06 谷神不死，是謂玄牝

【引語】

老子在這一章裡繼續説明「道」的特徵。他用「谷」象徵「道」，説明「道」既是空虛的又是實在的；他用「神」比喻「道」，説明「道」生萬物，綿延不斷；他用「玄牝之門」比喻「道」是產生萬事萬物根源等等。他想説明「道」的作用是無窮無盡的，從時間而言，它歷久不衰，天長地久。從空間而言，它無處不在，無窮無盡。它孕育著宇宙萬物而生生不息。

【原文】

谷神不死，是謂玄牝。玄牝之門，是謂天地根。綿綿若存，用之不勤。

【注解】

谷神：谷指空虛如谷的道；神是指道的運動變化的力量。不死：不停止。玄牝：玄指玄妙、奇妙；牝指母體。門：產育之門。根：根源。綿綿：連綿不斷。若存：指不易察覺的、好像不存在似的。

【譯文】

大道虛空而變幻莫測，它是博大無邊、無所不能、永恆不滅的，它不僅深遠無限而且更是崇高偉大的母性。天地萬物從它那裡誕生，所以說它是天地萬物的根源。浩瀚無際的萬物彷彿早已存在於這崇高偉大的母親懷抱之中，從中獲取源源不斷的生命和享用不盡的養料。

【故事】

從前有一位珠寶商，因為美德而遠近揚名。有一天，一位猶太老人來找他買

一些寶石，打算將寶石作為職位最高的教士衣袍上的裝飾。

他列出了想要購買的寶石名稱，並提出了一個公道的價格。可是珠寶商卻說現在不能拿給他寶石，請他等些時候再來。

這位老人可不想拖延時間，他以為是珠寶商嫌價格太低，於是又給出雙倍的價錢，後來更增至三倍，可是這個珠寶商仍是那樣要求。這位老人只好憤怒地離開了。

但很快地，珠寶商又反過來找這位老人了，並把他所要的寶石拿了出來。老人十分滿意，於是給他最高價，可是珠寶商卻說：「我只要你最早提出的那個公平的價格。」

老人感到非常奇怪：「那為什麼你一開始不願意做這筆生意呢？」

「因為那時候，」珠寶商回答，「我父親在睡覺。他手裡拿著開啟寶石箱的鑰匙，而我要從箱中拿寶石的話，就必須叫醒他。」

「他的年紀很大了，多睡一個小時對他的身體是有好處的，因此就算把全世界的財富都給我，我也得先想一想我的父親，無論如何也不能擾亂他的休息。」

老人聽了十分感動，讚賞地拍著珠寶商的肩說：「你現在愛你的父母，以後你的兒女也會一樣的愛你。真主保佑有德性的人。」

孝道，與其說是一種尊敬，不如說是一種以愛心幫助曾幫助過自己的人的一種行為。孝順有這樣三項內容：一是在思想感情上對父母深情愛戴，在具體行動上對父母關心體貼；二是應該聽取父母的教導與指點；三是成年子女應該贍養和扶助父母。事實上，父母不但以自己的辛勤勞動為社會做出了貢獻，而且養育了下一代，為下一代的成長和幸福付出了辛勤的勞動。

07 天長地久

【引語】

本章也是由道推論人道，反映了老子以退為進的思想主張。老子認為：天地由於「無私」而長存永在，人間「聖人」由於退身忘私而成就其理想。

【原文】

天長地久。天地所以能長且久者，以其不自生，故能長生。是以聖人後其身而身先，外其身而身存。非以其無私邪？故能成其私。

【注解】

長生：長久。成其私：成就他自己。

【譯文】

天地永恆而長久。天地所以能夠長久，乃是因為它們的一切運作都不為自己，所以能夠長久。所以有道的人把自己退在後面，反而能贏得愛戴，把自己置於度外，反而能保全生命。不正是由於他不自私嗎？反而能成就自己。

【故事】

某天下午，小松鼠在森林裡發現了一顆大蘋果。這顆蘋果又大又香，小松鼠從來都沒有見過，相信在整個森林裡面，也很難找到這樣好吃的蘋果。

當小松鼠正在欣賞這顆大蘋果的時候，牠的好朋友小白兔剛好經過，看到了這顆蘋果，小白兔很想嘗嘗這顆蘋果，並建議大家一同分享。松鼠卻很自私地說：

「這顆又香又甜的大蘋果，連我自己都不捨得吃，怎麼可以分給你吃呢？而且，我們也不算是很好的朋友吧！」

小白兔聽了這番話，傷心地離開了。由於蘋果太香的關係，小猴子、小豬、小象和小花貓等也來到小松鼠的跟前，希望可以與牠分享蘋果，牠們甚至拿出了自己最心愛的東西與牠交換，可惜全被小松鼠拒絕了。最後小松鼠覺得大家太煩，便跑到老遠的山洞裡，準備避開其他朋友，獨自把蘋果吃掉。

當小松鼠咬第一口時，覺得這個蘋果的味道實在太香了！便忍不住一口接一口，不停地吃著這顆美味芬芳的蘋果。可是這顆蘋果實在太大了，當小松鼠吃到一半的時候，肚子已經脹得像個皮球，實在不能吃掉剩下的那一半了。但小松鼠卻對自己說：「這麼辛苦才能獨自享受的蘋果，無論怎樣，也要把它吃完，不能分給其他的朋友！」

於是小松鼠繼續努力，一口一口地咬著蘋果，一個多小時後，蘋果終於吃完了。可是因為吃得太飽，小松鼠的肚子開始疼了起來，最後連路都走不了，在山洞裡痛苦地呻吟。遠處的小白兔聽到小松鼠的叫聲，在山裡四處尋找，用了整整一個晚上，才把昏倒在山洞裡的小松鼠救回家。

小松鼠甦醒以後，得知是小白兔救了自己，便很感激地說：「謝謝你救了我！可是我這麼自私，你為什麼還要救我呢？」

小白兔微笑著說：「因為我們是好朋友！」

一個人不應過於自私，過於自私不僅對他人會造成傷害，而且對自己也沒有好處。

08 上善若水

【引語】

這一章老子又以自然界的水來喻人、教人。老子用水性來比喻有高尚品德者的人格，認為他們的品格像水那樣，一是柔，二是停留在卑下的地方，三是滋潤萬物而不與之爭。最完善的人格也應該具有這樣的心態與行為。

【原文】

上善若水。水善利萬物而不爭，處眾人之所惡，故幾於道。居善地，心善淵，與善仁，言善信，正善治，事善能，動善時。夫唯不爭，故無尤。

惡：厭惡。幾：接近。善地：按老子「正言若反」的理論，則此處的善地就是人們眼中的棄地，是人們厭惡之處。淵：深沉冷漠。仁：即人。善人，即接近自然的人。信：信義。正善治：正，平正、正當；治，治理。能：能力。時：時機。尤：過失。

【譯文】

天地間至高至極的善可以用水來形容。水具有滋潤萬物的不變本性，而與萬物毫無利害衝突；水具有寬廣的胸懷，甘居眾人所厭惡的卑下、垢濁的地方。所以，水之善接近於「道」了。居處適應於任何之地，心靈沉靜有如深淵，施恩於物以仁而行，出言必然守信，以正謀求清平，做事能方能圓，行動善擇時機。正是由於不與人爭，所以永遠也不會有什麼過失。

【故事】

南隱是日本明治時代的一位著名禪師。有一天，一位自大得出名的大學教授特意來向他「請教」禪學問題，名為請教，實為藉機自吹。

南隱禪師當然知道教授的來意，不過還是以茶相待。他把茶水注入這位教授的茶杯中，茶杯中的水很快就滿了，他卻沒有停手，還是繼續往裡倒。

那位教授眼睜睜地看著茶水不停地從杯中溢出來，覺得再也不能沉默下去了，終於說道：「不要再倒了！水已經滿出來了！」

南隱禪師聽了，不再注水了。「你就像這個杯子一樣，」他對教授說，「裡面已經裝滿了你自已的看法和想法。你不先把你自已杯子裡的水倒空，叫我如何對你說禪呢？」

的確，心中已經裝滿「自我」兩個字，哪裡還學得了水的德性！

老子愛水，孔聖人愛水，孔子說：「智者樂水，仁者樂山」、「逝者如斯夫，不捨晝夜」。

水柔靜，處下，不爭，善利萬物，沒沒無聞地奉獻，的確為我們立身處世的典範，也難怪老子會提出那振聾發聵的不朽名言：「夫唯不爭，故無尤。」只有奉獻不爭，才能沒有過失。

09 功成身退，天之道

【引語】

這一章中，老子認為，不論做什麼事都不可過度，而應該適可即止，鋒芒畢露，富貴而驕，居功貪位，都是過度的表現，難免招致災禍。所以本章的主題就是講一般人的為人之道，主旨是要留有餘地，不要把事情做得太過，不要被勝利沖昏頭。

【原文】

持而盈之，不如其已；揣而鋭之，不可長保。金玉滿堂，莫之能守；富貴而驕，自遺其咎。功成身退，天之道。

【注解】

持：執也，握也，即把持；盈，滿也，即豐盈。揣：置也，放也，即存放；銳，尖利。咎：禍咎。身退：指斂藏鋒芒。天之道：符合道的自然法則。

【譯文】

執持盈滿，不如適時停止。顯露鋒芒，銳勢難保長久。金玉滿堂，無法守藏。富貴而驕，自取禍患。功業完成，含藏收斂，是合於自然的道理。

【故事】

西晉的石崇就是一個貪財誇富，而因此丟命的人。

石崇家中珍寶堆積如山，數百個侍女都穿著綾羅綢緞。

有一次，石崇和一位皇親國戚王愷鬥富。王愷用糖和飯擦鍋，石崇就用蠟燭當柴燒。王愷用紫絲做成四十里的屏障，石崇就用絲帛做了五十里的屏障。王愷用赤石塗屋，石崇用椒料糊牆。王愷是晉武帝的舅父，武帝曾賜給一枝珊瑚樹，高二尺，幹粗枝密，世上罕見。王愷把珊瑚樹拿出來炫耀，誰知石崇拿起一根鐵棍，隨手就將它擊得粉碎。王愷以為他在嫉妒自己的珍寶，急得大聲吼叫。石崇毫不在乎地說：「有什麼了不起，賠你一枝就是了。」接著命令家奴拿出六、七枝珊瑚出來，每枝高三、四尺，顏色更加光彩奪目。王愷見後，無地自容，只得認輸。

石崇家的廁所也很特別，常有十幾個侍女侍候，她們都打扮得花枝招展。人上完廁所後還得換一套新衣服出來，弄得好些貴族也不好意思上他家的廁所。

後來石崇因為得罪趙王倫被監禁，他先以為最多不過是把他流放到邊遠地區，但等送到刑場時他才大夢方醒，他對押送的人說：「他們是想要我的家財。」別人回答說：「你既然知道財多會害命，為何不早散家財呢？」

石崇無話可答。

這就是貪財者的下場。

10 養生修行

【引語】

本章重點講修身的功夫。這一章的開頭設了六個問句，是把「道」在運用於修身治國方面所做的幾條總結，對一般人和統治者提出了概括的要求。

【原文】

載營魄抱一，能無離乎？專氣致柔，能嬰兒乎？滌除玄覽，能無疵乎？愛民治國，能無爲乎？天門開闔，能爲雌乎？明白四達，能無知乎？生之畜之，生而不有，爲而不恃，長而不宰，是謂玄德。

【注解】

載：即載體，或運載、裝載。營魄，即魂魄。抱一：即合一。專：即摶，摶氣，是把體內的氣摶結在一起，使之凝聚而不分散。滌除：即洗滌、摒除。玄覽，玄或為眩，眩覽為目眩十色、眼花繚亂之意。疵：病，此處指慾望、雜念。天門：即心靈之門戶。雌：泛指陰柔之性，此處指清靜，靜則為陰。四達：即四通八達。宰：主宰。玄德：指玄妙幽深的德性。

【譯文】

靈魂與形體合二為一，能永不分離嗎？聚集精氣而達柔和，能像嬰兒一樣嗎？清除雜念而觀照心鏡，能沒有紕漏出現嗎？愛護人民而治理國家，能做到「無為」嗎？感覺器官而開合之，能做到柔靜如雌嗎？內心明白而四通八達，能表現得如同一無所知嗎？生長萬物，蓄養萬物，生長而不占有，蓄養而不自恃有功，統率而不自以為是主宰，這就是最高深的修養了。

【故事】

斯匹特是一位年輕的電腦銷售經理。他有一個溫暖的家和高薪的工作，在他的面前是一條充滿陽光的大道，然而他的情緒卻非常消沉。他總認為自己身體的某個部位有病，快要死了，甚至為自己選購了一塊墓地，並為他的葬禮做好了準備。實際上他只是感到呼吸有些急促，心跳有些快，喉嚨梗塞。醫生勸他在家休息，暫時不要做銷售工作。

斯匹特在家裡休息了一段時間，但是由於恐懼，他的心裡仍不安寧。他的呼吸變得更加急促，心跳得更快，喉嚨仍然梗塞。這時他的醫生叫他到海邊去渡假。

海邊雖然有使人健康的氣候、壯麗的高山，但仍然阻止不了他的恐懼感。一週後他回到家裡，他覺得死神很快就要降臨了。

斯匹特的妻子看到他的樣子，將他送到了一所有名的醫院進行全身檢查。醫生告訴他：「你的癥結是吸進了過多的氧氣。」

他立即哭起來說：「我要怎樣改善這種情況呢？」

醫生說：「當你感覺到呼吸困難，心跳加快時，你可以向一個紙袋呼氣，或暫且摒住氣。」醫生遞給他一個紙袋，他就遵醫囑行事。結果他的心跳和呼吸變得正常了，喉嚨也不再梗塞了。他離開這個醫院時是一個非常愉快的人。

此後，每當他的病症發生時，他就摒住呼吸一會兒，使身體正常發揮功能。幾個月以後，他不再恐懼。症狀也隨之消失。自那以後，他再也沒有找醫生看過病。

許多人感到身體支持不住，其癥結往往在於心理上。保持愉快的情緒對身體是非常有幫助的。「不怕才有希望」，對付困難是這樣，對待疾病也是這樣。

那麼我們有沒有靈魂和肉體合而為一的時候呢？當然有，那就是嬰兒時期。那個時候我們初涉世事，萬事皆清，正是處在混沌的狀態。感覺不到任何人為的不愉快，也不會去有意識地判斷事物的發展情況，只是順應自然，當然就不會有煩惱與痛苦。

然而當我們長大成人的時候，隨著閱歷的增加、智慧的開啟，對待事物的看法就加入了我們的主觀認識，就沒有了嬰兒時期的混沌和無憂，靈魂和肉體的剝離，也就沒有了初涉世事的簡單與清純。所以老子說：「專氣至柔，能如嬰兒乎？」

如何才能做到單純與潔淨呢？神秀和尚說得好：「身是菩提樹，心如明鏡台，時時勤拂拭，莫使惹塵埃。」換句話說，把人心比作一面鏡子，不能讓它有半點的灰塵和瑕疵。這正是所謂的滌除玄覽，是謂玄德。

11 有之爲利，無之爲用

【引語】

在現實社會生活中，一般人只注意實有的東西及其作用，而忽略了虛空的東西及其作用。對此，老子在本章裡論述了「有」與「無」，即實在之物與空虛部分之間的相互關係及目所不能及的虛無、空間的重要作用。

【原文】

三十輻共一轂，當其無，有車之用。埏埴以爲器，當其無，有器之用。鑿戶牖以爲室，當其無，有室之用。故有之以利，無之以爲用。

【注解】

輻：車輪中連接軸心和輪圈的木條。古時候的車輪由三十根輻條所構成，這個數目是取法於月數（每月三十日）。轂：車輪中心的圓孔，即插軸的地方。當其無，有車之用：有了車轂中空的地方，才有車的作用。「無」指轂的中空之處。埏埴：埏，和。埴，土。戶牖：門窗。有之以利，無之以為用：「有」給人便利，「無」發揮了它的作用。

【譯文】

三十根輻條彙集到一個轂當中，有了車轂中空的地方，才有車的作用。揉合陶土做成器具，有了器皿中空的地方，才有器皿的作用。開鑿門窗建造房屋，有了門窗四壁中空的地方，才有房屋的作用。

所以「有」給人便利，「無」發揮了它的作用。

【故事】

蘇格拉底在與朋友聚會時常常會凝視空酒瓶，有一回柏拉圖忍不住問他：「老師，您為什麼一直看著空酒瓶？」

蘇格拉底說：「因為空酒瓶能裝酒。」

柏拉圖沒有意會過來。

蘇格拉底說：「酒瓶滿了就不能裝酒。」

柏拉圖大悟。

把「無」的東西硬當作是「有」，為它煩惱，為它生出來惡念，也是相當愚蠢的。

12

去彼取此，清靜無爲

【引語】

這一章是在提醒我們——今天在發展物質文明的同時，也應該重視精神文明的發展，反對物欲橫流引起的精神腐蝕。虛華浮躁有害無益，選擇儉樸實在的生活方式才是最明智的。

【原文】

五色令人目盲；五音令人耳聾；五味令人口爽；馳騁畋獵，令人心發狂；難得之貨，令人行妨。是以聖人爲腹不爲目，故去彼取此。

【注解】

五色：指青、赤、黃、白、黑。目盲：喻眼花撩亂。五音：指角、徵、宮、商、羽。耳聾：喻聽覺不靈。五味：指酸、苦、甘、辛、鹹。口爽：口病。「爽」，引申為傷，亡，喻味覺差失。馳騁：縱橫奔走，喻縱情。心發狂：心放蕩而不可制止。行妨：傷害操行。「妨」，害，傷。為腹不為目：只求安飽，不求縱情於聲色之娛。去彼取此：摒棄物欲的誘惑，而持守安足的生活。「彼」，指「為目」的生活；「此」，指「為腹」的生活。

【譯文】

五光十色會使人眼花目盲；五音混雜會使人重聽耳聾；五味佳餚會使人口澀失味；縱情狩獵會使人放蕩不羈；稀有財貨會使人產生貪求之欲。因此，聖人只求飽腹不求聲色悅目。所以，要摒棄那些而保守這個，就得明白以上所說的這些道理並切身去實行。

【故事】

珠光是日本一位比較有名的禪師，曾在一休門下修行。他悟性很高，進步很快，但有一個壞毛病，就是坐禪時常愛打瞌睡，這使他在眾人面前覺得很不好意思。

於是他去找醫生，看有什麼好辦法可以解決這個問題。醫生建議他喝茶試試看，他接受了醫生的建議，每天早晚各喝一杯茶，時隔不久果然治好了這個壞毛病。由於他天天喝茶，養成了習慣，在仔細品味當中，慢慢發現喝茶也很有規矩，不同的喝法有不同的味道。於是他便開始創制各種喝茶的規矩。

有一天，他剛剛制定完一道茶規，一休大師走了進來，問道：「應當以何種心情喝茶？」

珠光回答道：「榮西禪師曾說，應當為了健康而喝茶，平心靜氣。」

一休又問：「有一位修行僧問趙州佛法，趙州回答『吃茶去』，對此，你怎麼想？」

珠光不語。一休讓侍者拿來一碗茶，遞給珠光。當珠光把茶接到手上時，一休便破口大罵，同時將茶杯打落在地。

珠光默默不語，過了一會兒，他起身向一休行禮，轉身向禪房走去。一休大聲喊道：「珠光！」珠光應答：「是！」然後回過頭來望著一休。

「剛才問你應當以何種心情喝茶，如果不管心情如何，只是無心喝茶，又會怎樣？」一休大師步步緊逼。

珠光不緊不慢答道：「花紅柳綠。」

一休馬上意識到，珠光已開悟了。於是他宣布珠光修行完畢，圓滿出師。

「無心喝茶，花紅柳綠」反映了珠光喝茶的自然心態。事事超然物外，順其自然，不為目的去做事，這也正應了老子的「無為」思想。生活多一份恬淡，多一份自然，你便會理解生命的真諦。

13 寵辱不驚，乃眞賢士

【引語】

這一章講的是人的尊嚴問題。老子強調「貴身」的思想，論述了寵辱對人身的危害。老子認為，一個理想的統治者，首要在於「貴身」，不胡作妄為。只有珍重自身生命的人，才能珍重天下人的生命，也就可使人們放心地把天下的重責委任於他，讓他擔當治理天下的任務。老子說「寵辱若驚」，在他看來，得寵者以得寵為殊榮，為了不失去殊榮，便在賜寵者面前誠惶誠恐，曲意逢迎。他認為，「寵」和「辱」對於人的尊嚴之挫傷，並沒有兩樣，受辱固然損傷了自尊，受寵何嘗不損害人自身的人格尊嚴呢？得寵者總覺得受寵是一份意外的殊榮，便擔心失去，因而人格尊嚴無形地受到損害。如果一個人未經受任何辱與寵，那麼他在任何人面前都可以傲然而立，保持自己完整、獨立的人格。

【原文】

「寵辱若驚，貴大患若身。」何謂寵辱若驚？寵爲上，辱爲下，得之若驚，失之若驚，是謂寵辱若驚。何謂貴大患若身？吾所以有大患者，爲吾有身，及吾無身，吾有何患？故貴以身爲天下，若可寄天下；愛以身爲天下，若可託天下。

【注解】

寵：尊榮。辱：恥者，恥辱。貴：畏懼。

【譯文】

得到恩寵和受到屈辱都會感到心神震驚而不得安寧，重視大的禍患就像重視自己的身體性命一樣。什麼叫「寵辱若驚」呢？

恩寵是上對下給予額外的賜予，所以當受寵者得到額外賜予時，就會感到震驚，如果失去了額外賜予，也會因失寵受辱而感到震驚，從而失去安寧，這就叫做得寵與受辱都感到震驚。

什麼叫「貴大患身」呢？

我們之所以感到大的禍患，是因為我們有身體的存在，如果不顧及到自己的身體，那我們還有什麼禍患呢？

所以，能做到貴身（珍貴自己生命）那樣去服務於天下的人，才可以把天下大事寄託於他。能做到愛身（愛自己生命）那樣服務於天下的人，才可以把天下的重任交付給他。

【故事】

有位修行很深的禪師叫白隱，無論別人怎樣評價他，他都會淡淡地說一句：就是這樣嗎？在白隱禪師所住的寺廟旁，有一對夫婦開了一家食品店，家裡有一個漂亮的女兒。無意間，夫婦倆發現女兒的肚子無緣無故地大了起來。

這種見不得人的事，使得她的父母震怒異常！在父母的一再逼問下，她終於吞吞吐吐地說出「白隱」兩字。

她的父母怒不可遏地去找白隱理論，但這位大師不置可否，只若無其事地答道：「就是這樣嗎？」孩子生下來後，就被送給白隱。

此時，他的名譽雖已掃地，但他並不以為然，只是非常細心地照顧孩子——他向鄰居乞求嬰兒所需的奶水和其他用品，雖不免橫遭白眼，或是冷嘲熱諷，他總是處之泰然，彷彿他是受託撫養別人的孩子一樣。

事隔一年後，這位沒有結婚的媽媽，終於不忍心再欺瞞下去了。她老老實實地向父母吐露真情：孩子的生父是住在同一幢樓裡的一位青年。

她的父母立即將她帶到白隱那裡，向他道歉，請他原諒，並將孩子帶回。

白隱仍然是淡然如水，他只是在交回孩子的時候，輕聲說道：「就是這樣嗎？」

彷彿不曾發生過什麼事；即使有，也只像微風吹過耳畔，霎時即逝！

白隱為了給鄰居女兒一個生存的機會和空間，代人受過，犧牲了為自己洗刷清白的機會，受到人們的冷嘲熱諷，但是他始終處之泰然。

「就是這樣嗎？」這平平淡淡的一句話，就是對「寵辱不驚」最好的解釋，而我們現代人缺乏的正是這一點。

無論身處順境還是逆境，都應保持從容的心態，清醒理智地面對現實。

14 不見其首，不見其後

【引語】

本章是描述「道」體的。本章以抽象的理解，來描述「道」的性質，並講到運用「道」的規律。老子描述了「道」的虛無飄渺，不可感知，看不見，聽不到，摸不著，然而又是確實存在的，是所謂「無狀之狀，無物不象」。「道」有其自身的變化運動規律，掌握這種規律，便是瞭解具體事物的根本。

【原文】

視之不見名曰夷；聽之不聞名曰希；搏之不得名曰微。此三者不可致詰，故混而爲一。其上不皦，其下不昧。繩繩不可名，復歸於無物。是謂無狀之狀，無物之象，是謂惚恍。迎之不見其首，隨之不見其後。執古之道，以御今之有。能知古始，是謂道紀。

【注解】

「夷」、「希」、「微」：這三個名詞都是用來形容感觀所不能把握的道。致詰：究詰，追究。皦：光明。昧：陰暗。繩繩：形容紛芸不絕。惚恍：若有若無，閃爍不定。有：指具體的事物。古始：宇宙的原始或道的端始。道紀：道的綱紀，即道的規律。

【譯文】

看它看不見，名叫「夷」；聽它聽不到，名叫「希」；摸它摸不著，名叫「微」。這三者的形象無從究詰，它是渾沌一體的。它上面不顯得光亮，它下面也不顯得陰暗，它綿綿不絕而不可名狀，一切的運動都會還原到不見物體的狀態。這是沒有形狀的形狀，不見物體的形象，叫它做「惚恍」。迎著它，看不見它的前頭；隨著它，卻看不見它的後面。把握著早已存在的道，來駕馭現在的具體事物。必須瞭解最初的歷史，才能參透「道」的規律。

【故事】

魏惠王派太子申和龐涓聚集全國兵力，再次攻打韓國。韓哀侯向齊國告急求救。齊威王派田忌為將、孫臏為軍師，起兵救韓。孫臏乃建議採取「圍魏救趙」的辦法。田忌說：「軍師上次用過此計，這次再用恐被敵人識破。」孫臏笑著答道：「這次我另有計謀讓敵人上當。」田忌聽從了孫臏的建議，率齊軍直奔魏都大梁。

魏惠王見齊軍來攻大梁，急忙命令太子申和龐涓回兵救魏。孫臏深知龐涓有勇無謀，只能智取，不能硬拚。於是，他向田忌獻上「減灶誘敵」的計謀。當魏齊兩軍剛剛相遇時，孫臏就命令齊軍撤退。龐涓追到齊軍駐地時，只見地上滿是用來煮飯的灶頭，經清點有十萬之多。齊軍次日又急急退卻，駐地留下五萬個灶頭。第三天齊軍的灶頭減少到兩萬個。龐涓見狀，非常高興，命令魏軍繼續追趕齊軍。太子申問其故，龐涓說：「我早就聽說齊軍膽小怕死，三天之內士兵就逃走了大半。我軍窮追不捨，定能取勝。」

後來，齊軍退到了兩山之間的馬陵道，孫臏見這裡溪谷深隘，道路狹窄，很適宜設兵埋伏，就命令士兵砍下樹木作為路障，又把路旁一棵大樹的樹皮剝去，在上面寫了一行大字。接著，孫臏吩咐一萬個弓箭手夾道埋伏，只等龐涓前來送死。

黃昏時分，龐涓帶著疲憊不堪的魏軍追到馬陵道。在士兵清理路障時，有人發現路邊大樹上的字，忙向龐涓報告。龐涓持火把一照，只見上面寫著「龐涓死於此樹下」幾個大字，不由得大驚失色。孫臏一聲令下，埋伏在兩旁的弓箭手對準魏軍萬箭齊發，魏軍死傷無數。中了箭的龐涓自知生還無望，只好拔劍自刎。

孫臏以減灶的辦法，製造士兵數量減少的假象，瞞天過海，示假隱真，誘使龐涓上鉤，進而一舉將其殲滅，這就是做大事像神龍一樣不見首尾的展現。

15 微妙玄通，深不可識

【引語】

這一章緊接前章，對得道之士做了描寫。老子稱讚得「道」之人的「微妙玄通，深不可識」，他們掌握了事物發展的普遍規律，懂得運用普遍規律來處理現實存在的具體事物。也可以說，這是教一般人怎樣掌握和運用「道」。

【原文】

古之善爲道者，微妙玄通，深不可識。夫唯不可識，故強爲之容。豫兮若冬涉川，猶兮若畏四鄰，儼兮其若客，渙兮若冰之將釋，敦兮其若樸，曠兮其若谷，渾兮其若濁。孰能濁以靜之徐清，孰能安以動之徐生。保此道者不欲盈。

夫唯不盈，故能蔽而新成。

【注解】

微妙：細微玄妙；玄通，通達。就是說古代的一些得道者，心思幽深而高深莫測，精神能溝通上天。深不可識：其心思和精神幽深玄妙，不能從表象上被認識。容：形容。豫：躊躇。猶：猶豫。儼：儼然，形容神態莊嚴。渙：散也；釋，解也。敦：厚重；樸，淳樸。曠：空闊。渾：渾濁。靜之徐清：謂沉靜後會徐徐而清澈。動之徐生：謂行動後會徐徐而產生。盈：豐盈。蔽而新成：即推陳出新。

【譯文】

古代那善於行道的人，見解微妙而能洞察幽隱，其心靈深不可測。正是因為深不可測，所以只能勉強地給他一個描述和形容：他小心謹慎，彷彿在冬天裡涉過大河；他處處警惕，彷彿畏懼四周的鄰居一樣；他嚴於律己，彷彿在別人家裡做客；他胸襟瀟灑，彷彿春天裡冰雪融化一樣溫和自如；他淳厚樸實，彷彿未經雕琢的玉石；他豁達開闊，彷彿那空山幽谷；他渾渾沌沌，彷彿是污水濁流。誰能在混濁動亂中平靜下來，使身心清靜如水呢？誰能在安定祥和中長久守持，使心平氣和徐徐而生呢？能遵循此規律的人，就能保持謙虛而不盈滿，正因為他不盈滿，所以總能不斷地從陳舊中創新。

【故事】

有一天，老師叫班上每個同學各帶一個大袋子到學校，她還叫大家到雜貨店去買一袋馬鈴薯，第二天上課時，老師叫大家給自己不願意原諒的人選一個馬鈴薯，將這個人的名字以及犯錯的日期都寫在上面，再把馬鈴薯丟到袋子裡，這是我們這一週的作業。

第一天還蠻好玩的，快放學時，其中一個孩子的袋子裡裝了九個馬鈴薯，上面說的是：一個孩子說他剛剪的頭髮很醜，另一個孩子打了他的頭一下，還有一個孩子不肯讓他抄作業。孩子把每件事都很認真地寫在馬鈴薯上，欣然丟到袋子裡，發誓絕不原諒這些對不起他的人。

下課時，老師說在這一整週裡，不論走到哪兒都得帶著這個袋子。於是，孩子們便扛著袋子到學校、回家，甚至和朋友外出也不例外。

一週後，那袋馬鈴薯就變成了相當沉重的負擔，有的孩子已經裝了差不多五十個馬鈴薯在裡面，孩子們都累壞了，都迫不及待地等這項作業快結束。

又過了幾天，老師問：「你們知道自己不肯原諒別人的結果了嗎？會有重擔壓在你們自己的肩上，你不肯原諒的人愈多，這個擔子就愈重，對這個重擔要怎麼辦呢？」孩子們互相看看，不知道該怎麼辦。

老師停了幾分鐘接著說：「很簡單，把它放下來，扔掉它就行了。」孩子們歡呼起來，把那些裝著馬鈴薯的袋子扔得遠遠的，再也不想背著它上學、回家了。

心理學上有個著名的理論說，如果你覺得別人傷害了你的話，原諒他吧！因為傷害別人的人都是不幸的。每個人都應該懷有一顆寬容的心，這樣自己也能活得輕鬆。就像那位教孩子們怎樣放下仇恨的老師一樣，最簡單的辦法就是放下包袱，輕裝上路。

16 虛極靜篤

【引語】

本章裡，老子特別強調致虛守靜的功夫。老子主張人們應當用虛寂沉靜的心境，去面對宇宙萬物的運動變化。在他看來，萬事萬物的發展變化都有其自身的規律，從生長到死亡、再生長到再死亡，生生不息，循環往復以致於無窮，都遵循著這個運動規律。

【原文】

致虛極，守靜篤。萬物並作，吾以觀復。夫物芸芸，各復歸其根。歸根曰靜，是謂復命。復命曰常，知常曰明，不知常，妄作凶。知常容，容乃公，公乃全，全乃天，天乃道，道乃久。沒身不殆。

【注解】

致虛極，守靜篤：虛和靜都是形容人的心境是空明寧靜狀態，但由於外界的干擾、誘惑，人的私欲開始活動。因此心靈蔽塞不安，所以必須注意「致虛」和「守靜」，以期恢復心靈的清明。極、篤，意為極度、頂點。作：生長、發展、活動。復：循環往復。芸芸：茂盛、紛雜、繁多。歸根：根指道，歸根即復歸於道。復命：復歸本性，重新孕育新的生命。常：指萬物運動變化的永恆規律，即守常不變的規則。明：明白、瞭解。容：寬容、包容。全：周到、周遍。天：指自然的天，或為自然界的代稱。

【譯文】

盡力使心靈的虛寂達到極點，使生活清靜堅守不變。萬物都一齊蓬勃生長，我從而考察其往復的道理。那萬物紛紛芸芸，各自返回它的本根。返回到它的本根就叫做清靜，清靜就叫做復歸於生命。復歸於生命就叫自然，認識了自然規律就叫做聰明。不認識自然規律的輕妄舉止，往往會出亂子和災禍。認識自然規律的人是無所不包的，無所不包就會坦然公正，公正就能周全，周全才能符合自然。符合自然才能符合於「道」，符合於道才能長久，終身不會遭到危險。

【故事】

有一所能看到大海的地勢較高的中學，上課時從教室就能看到變化無窮的大海。

那年約有八十名新生入學，其中大多數是那些與大海搏擊的漁民們的子弟。一位新來的老師第一次給新生們上課。

「起立。」

大家都站起來。因為是新生，所以都很認真，教室出現瞬間的寂靜。但是，有一名學生耍滑頭未起立。

「站起來，剛入學就這種態度可不行！」老師的語氣顯然非常嚴厲。

這時，傳來一個聲音：「老師，我站著呢！」

是的，他是站著，但是由於這個同學個子太矮，看著他像是坐著。

糟糕！老師頓時覺得做了對不起同學的事。

她為自己的粗心感到不安，一時竟不知說什麼。如果在此道歉，反而會更加傷他的自尊心。於是，這位老師當時只說了聲「對不起」，周圍的學生都笑起來。

下課後，老師本想找個機會道歉，但忙亂之中竟把此事忘掉了。

第二天，天空晴朗無雲，春天的大海碧波蕩漾，老師又給這個班上第二次課。

「起立。」

又是瞬間的寂靜。這時，忽然傳來一個洪亮的聲音。

「老師，我站著呢！」

是那個矮個子同學，他站在椅子上，微笑著。老師卻只覺得眼前發暗。從微笑中，老師看出他這樣做並不是諷刺，也沒有抵抗情緒的表露。

彷彿在說：「老師，我不在意，不要為我擔心。」這樣一種體諒，使這位老師的心口感到一陣疼痛。

晚上，老師懷著複雜的心情給同學撥了電話。

「老師，別在意，別在意。」傳來一個爽朗又充滿稚氣的聲音。

老師長久無語，只祈盼明天的天空還是晴朗無雲，大海依舊碧波蕩漾。

心胸寬闊的人，會用一顆平靜的心面對芸芸眾生，所以他的生活永遠晴朗無比。面對自己的缺陷和不足，只有自己不在意，別人才能真正的認同。一個人如果能夠把詛咒、惡浪都放下，用大海一樣的胸懷去寬容他人，生活中還有什麼事情會讓你失去笑容呢？

17 悠其貴言，功成事遂

【引語】

這一章裡，老子提出了自己的政治思想主張，他把統治者按不同情況分為四種，其中最好的統治者是人民不知道他的存在，最壞的統治者是被人民所輕侮，處於中間狀況的統治者是老百姓親近並稱讚他，或者老百姓畏懼他。老子理想中的政治狀況是：統治者具有誠實的素質，他悠閒自在，很少發號施令，政府只是服從於人民的工具而已，政治權力絲毫不得施壓於人民身上，即人民和政府相安無事，各自過著安閒自適的生活。

【原文】

太上，不知有之；其次，親而譽之；其次，畏之；其次，侮之。信不足焉，有不信焉。悠兮其貴言。功成，事遂，百姓皆謂：「我自然」。

【注解】

太上：至上、最好，指最好的統治者。不知有之：人民不知有統治者的存在。悠兮：悠閒自在的樣子。貴言：指不輕易發號施令。自然：自己本來就如此。

【譯文】

最好的統治者，人民並不知道他的存在；其次的統治者，人民親近他並且稱讚他；再次的統治者，人民畏懼他；更次的統治者，人民輕蔑他。統治者的誠信不足，人民才不相信他。最好的統治者是多麼悠閒。他很少發號施令，事情辦成功了，老百姓說：「我們本來就是這樣的。」

【故事】

一個人去買鸚鵡，看到一隻鸚鵡前標示：此鸚鵡會兩種語言，售價二百元。另一隻鸚鵡前則標示：此鸚鵡會四種語言，售價四百元。該買哪隻呢？兩隻都毛色光鮮，非常靈活可愛。這人看啊看，拿不定主意。

結果突然發現一隻老掉了牙的鸚鵡，毛色暗淡散亂，標價八百元。這人趕緊將老闆叫來：「這隻鸚鵡是不是會說八種語言？」

店主說：「不。」這個人感到奇怪了：「那為什麼這隻又老又醜又沒有能力的鸚鵡，會值這個價錢呢？」

店主回答：「因為另外兩隻鸚鵡叫這隻鸚鵡老闆。」

這故事告訴我們，真正的領導人，不一定自己能力有多強，只要懂得信任，懂得授權，懂得珍惜，就能凝聚出比自己更強的力量，從而提升自己的身價。相反的，許多能力非常強的人卻因為過於完美主義，事必躬親，覺得任何人都不如自己，最後只能做最好的公關人員、銷售人員，成不了優秀的領導人。

18 大道廢，有仁義

【引語】

本章可以從兩方面來理解。一是它的直接內容，即指出由於君上失德，大道廢棄，需要提倡仁義以挽頹風。老子對當時病態社會的種種現象加以描述。二是表現了相反相成的辯證法思想，老子把辯證法思想應用於社會，分析了智慧與虛偽、孝慈與家庭糾紛、國家混亂與忠臣等，都存在著對立統一的關係。

【原文】

大道廢，有仁義；智慧出，有大僞；六親不和有孝慈，國家昏亂有忠臣。

【注解】

大道：指社會政治制度和秩序。智慧：聰明、智巧。六親：父子、兄弟、夫婦。孝慈：一本作孝子。

【譯文】

大道被廢棄了，才有提倡仁義的需要；聰明智巧的現象出現了，偽詐才盛行一時；家庭出現了糾紛才能顯示出孝與慈，國家陷於混亂才能見出忠臣。

【故事】

有一個老農賣掉了一頭豬，當他揣著錢往回家的路上走去時，一個騎著摩托車的年輕人追了上來，對老農說：「大爺！你賣豬的時候，我正在旁邊，看見買豬的那個人給你的是假鈔。」

老農聽後急忙把錢拿出來看，這時那個年輕人一把搶過錢，飛車逃走。

真正的仁義之士在任何時候、任何地方都是遵循大道的，他們是有智慧的人，卻從不勾心鬥角、爾虞我詐，他們不會讓自己的家庭不和睦，讓社會不安定。他們是社會的有識之士，他們也是國家的棟樑之材。因此不該因為社會混亂才有忠臣出現，也不該因為家庭不和才提倡孝子的作為，更不該因為聰明才智的增長而產生虛偽的行為。

19 少私寡欲

【引語】

上一章描述了大道廢棄後社會病態的種種表現，本章則是針對社會病態，提出治理的方案。在前一章裡，老子說「智慧出，有大偽」，因而主張拋棄這種聰明智巧。他認為「聖」、「智」產生法制巧詐，用法制巧詐治國，便成為擾民的「有為」之政。拋棄這種擾民的政舉，人民就可以得到切實的利益。

【原文】

絕聖棄智，民利百倍；絕仁棄義，民復孝慈；絕巧棄利，盜賊無有。此三者以為文不足，故令有所屬。見素抱樸，少私寡欲。

【注解】

絕聖棄智：拋棄聰明智巧。此處「聖」不作「聖人」，即最高的修養境界解，而是自作聰明之意。此三者：指聖智、仁義、巧利。文：條文、法則。屬：歸屬、適從。見素抱樸：意思是保持原有的自然本色。「素」是沒有染色的絲；「樸」是沒有雕琢的木；素、樸是同義詞。

【譯文】

拋棄聰明智巧，人民可以得到百倍的好處。拋棄仁義，人民可以恢復孝慈的天性；拋棄巧詐和貨利，盜賊也就沒有了。聖智、仁義、巧利這三者全是巧飾，作為治理社會病態的法則是不夠的，所以要使人們的思想認識有所歸屬。保持純潔樸實的本性，減少私欲雜念。

【故事】

從前，有兩個人結伴穿越沙漠。走了一半路途的時候，水喝完了，其中一個人因為中暑而幾乎不能行動。於是，身體比較健康的那個人決定把中暑的同伴暫時留下來，自己去尋找飲用水，然後帶回來給同伴喝。

這個人臨走以前把一支槍留給同伴，並且一再叮囑說：「槍裡有五發子彈，我走以後，你每隔兩個小時向空中開一槍，槍聲會指引著我前來與你會合。」說完，就滿懷信心地找水去了。

躺在沙漠中的中暑者在同伴走後心中充滿疑慮：同伴能找到水嗎？能聽到槍聲嗎？會不會根本就沒打算回來救我呢？……

到了傍晚的時候，槍中只剩下一發子彈了，可是找水的同伴仍然沒有回來。中暑者心中越來越害怕，越來越相信同伴不會回來了，自己不久就會死在沙漠之中。他開始設想，自己死後，甚至不等到死掉，禿鷹就會飛過來啄食他的身體……

想著想著，他終於再也堅持不下去了，在絕望之中將最後一發子彈射入了自己的太陽穴。

最後一聲槍聲響過後不久，去找水的同伴帶著水趕回來了，他還帶來了一隊駱駝商人，不過，等待他們的只是中暑者的屍體。

傻瓜是不會猜疑的，猜疑確實是聰明人的行動，然而也正是這猜疑的「智慧」害死了這個「聰明人」。

20 獨異於人，貴於食母

【引語】

在本章裡，老子從辯證法的原理認為，貴賤善惡、是非美醜種種價值判斷，都是相對形成的，而且隨環境的差異而變動。老子將世俗之人的心態，與自己的心態作了對比描述。它揭露社會上層追逐物欲的貪婪之態，並以相反的形象誇張地描述自己。

【原文】

絕學無憂。唯之與阿，相去幾何？善之與惡，相去若何？人之所畏，不可不畏。荒兮其未央哉！眾人熙熙，如享太牢，如春登台。我獨泊兮其未兆，如嬰兒之未孩。儽儽兮若無所歸。眾人皆有餘，而我獨若遺。我愚人之心也哉，沌沌兮！俗人昭昭，我獨昏昏。俗人察察，我獨悶悶。澹兮其若海，飂兮若無止。眾人皆有以，而我獨頑且鄙。我獨異於人，而貴食母。

【注解】

絕學無憂：指棄絕仁義聖智之學。唯之與阿：唯，恭敬地答應，這是晚輩回答長輩的聲音。阿，怠慢地答應，這是長輩回答晚輩的聲音。唯的聲音低，阿的聲音高，這是區別尊貴與卑賤的用語。美之與惡：美，一本作善，二作醜解。即美醜、善惡。畏：懼怕、畏懼。荒兮：廣漠、遙遠的樣子。未央：未盡、未完。眾人熙熙，如享太牢，如春登台：眾人都熙熙攘攘、興高采烈，如同去參加盛大的宴席，如同春天裡登台眺望美景。熙熙：熙，和樂，用以形容縱情奔欲、興高采烈的情狀。享太牢：太牢是古代人把準備宴席用的牛、羊、豬事先放在牢裡養著。此句為參加豐盛的宴席。如春登台：好似在春天裡登台眺望。我：可以將此「我」解釋為老子自稱，也可解釋為所謂「體道之士」。泊：淡泊、恬靜。未兆：沒有徵兆、沒有預感和跡象，形容無動於衷、不炫耀自己。孩：同「咳」，形容嬰兒的笑聲。儽儽兮：疲倦閒散的樣子。有餘：有豐盛的財貨。遺：不足的意思。愚人：純樸、直率的狀態。沌沌兮：混沌，不清楚。昭昭：智巧光耀的樣子。察察：嚴厲苛刻的樣子。悶悶：純樸誠實的樣子。頑似鄙：形容愚陋、笨拙。貴食母：母用以比喻「道」，道是生育天地萬物之母。此名意為以守道為貴。

【譯文】

拋棄聖智禮法的浮文，才能免於憂患。應諾和呵斥，相距有多遠？美好和醜惡，又相差多少？人們所畏懼的，不能不畏懼。這風氣從遠古以來就是如此，好像沒有盡頭的樣子。眾人都熙熙攘攘、興高采烈，如同去參加盛大的宴席，如同春天裡登台眺望美景。而我卻獨自淡泊寧靜，無動於衷，如同嬰兒還不會發出嘻笑聲。疲倦閒散啊，好像浪子還沒有歸宿。眾人都有所剩餘，而我卻像什麼也不足。我真是只有一顆愚人的心啊！混混沌沌啊！眾人光輝自炫，唯獨我迷迷糊糊。眾人都那麼嚴厲苛刻，唯獨我這樣淳厚寬宏。我恬淡寧靜，像大海一樣寂寥廣闊；我無牽無掛，像大風一樣沒有歸宿。世人都精明靈巧有本領，唯獨我愚昧而笨拙。我唯獨與人不同的，關鍵在於得到了「道」。

【故事】

在春秋戰國時期，孤竹國的國君有兩個兒子伯夷、叔齊，國君讓叔齊繼位，叔齊謙讓伯夷。伯夷認為父命難違，先逃走；叔齊不久也隨之逃去。

二人聽說周文王招賢納士，便前往投奔。還沒等他們到，文王就過世了，武王用車裝著周文王的牌位東進伐紂。伯夷、叔齊上前攔馬勸諫：「父死不葬，乃動干戈，可謂孝嗎？以臣弒君，可謂仁嗎？」旁邊的人想殺他們。姜太公說：「此乃義人。」讓手下扶持二人離去。武王滅商以後，天下歸周。伯夷、叔齊認為武王以臣犯君可恥，就立志不食周粟，到首陽山隱居起來，靠採薇為食維持生命。他們恥食周粟，最後餓死首陽山。

「餓死不食周粟」的故事由此而來。他們恪守道德，甘於清貧，儘管貧窮潦倒，寂寞一時，但身後千百年來受到後人的敬仰，成為一段佳話。反之，如魏忠賢、嚴嵩、和珅等人，幾乎個個都是依仗權勢的佞幸奸臣，他們最後都落得身首異處，淒涼萬古的悲慘下場。

每個人都有自己的處世原則，正直的人則有正直的原則。一個有操守，講氣節的人，寧可窮困也不依附權貴，因為那種阿諛奉承達官貴人的言行，和正直的人格水火不容。一個正直的人同樣不會去違背公德，觸犯國法，他的操守決定了他不會那樣去做。正因為不依附權貴，又奉公守法，他就會安貧樂道，保持清白的人格。

21 孔德之容，唯道是從

【引語】

從本書第一章起，老子就指出「道」是宇宙的本原。本章中，老子進一步發揮第十四章關於「道」是「無狀之狀，無物之象，是謂惚恍」的觀點，明確地提出「道」由極其微妙的物質所組成，雖然看不見，無形無象，但確實存在，萬物都是由它產生的。在本章裡，老子還提出「德」的內容是由「道」決定的，「道」的屬性表現為「德」的觀點，集中地描述了「道」的一些特點。

【原文】

孔德之容，惟道是從。道之為物，惟恍惟惚。惟兮恍兮，其中有象；恍兮惟兮，其中有物。窈兮冥兮，其中有精。其精甚真，其中有信。自古及今，其名不去，以閱眾甫。吾何以知眾甫之狀哉？以此。

【注解】

孔：甚，大。德：「道」的顯現和作用為「德」。容：運作、形態。象：形象、具象。窈兮冥兮：窈，深遠，微不可見。冥，暗昧，深不可測。精：最微小的原質，極細微的物質性的實體。微小中之最微小。甚真：是很真實的。信：信實、信驗，真實可信。自古及今：又作「自今及古」。眾甫：甫與父通，引伸為始。以此：此指道。

【譯文】

大德的形態，是由道所決定的。「道」這個東西，沒有清楚的固定實體。它是那樣的恍恍惚惚啊，其中卻有形象；它是那樣的恍恍惚惚啊，其中卻有實物。它是那樣的深遠暗昧啊，其中卻有精質。這精質是最真實的，這精質是可以信驗的。從古代當追溯到當今，它的名字永遠不能廢除，依據它，才能觀察萬物的初始。我怎麼才能知道萬事萬物開始的情況呢？是從「道」認識的。

【故事】

「君子愛財，取之有道。」李嘉誠是一個典型的「儒商」，在叱吒商場的同時，堅持以誠為本，外圓內方。這不僅使他贏得了良好的聲譽，更使他結交了無數朋友，為他帶來了無數商機。正如他自己所說：「有錢大家賺，利潤大家分享，這樣才有人願意合作……財源滾滾來。」

曾經有一位相士，見了李嘉誠，說李嘉誠相貌出色，以後非大富即大貴。這一點居然被他說中了。然而與其說李嘉誠後來的發達是因為相貌，不如說是由於他的品德。

李嘉誠說：「我現在就算再有多十倍的資金也不足以應付那麼多的生意，而且很多是別人主動找自己的，這些都是誠實為人的結果。對人要守信用，對朋友要有義氣。今日之言，也許很多人未必相信，但我覺得，一個『德』字實在是終生受用。」

他還說：「世界上每一個人都精明，要令人家信服並喜歡和你交往，那才是最重要的。」

李嘉誠是一個誠實善良的人，更是一個善於為人處世的人。他深知，一個人要在社會上立足，並闖出一番偉大的事業，單憑商場上的東拚西殺是遠遠不夠的，就像單槍匹馬無法打贏一場戰爭一樣。只有以誠為本，與人為善，廣交朋友，才能左右逢源，贏得更多的機遇，才能使自己的事業從無到有，不斷壯大，走向輝煌。

由此可見，「德」是鋪就成功之路的基石。

22 曲則全者，全而歸之

【引語】

本章一開頭，老子就用了六句古代成語，講述事物由正面向反面變化所包含的辯證法思想，即委曲和保全、弓屈和伸直、不滿和盈溢、陳舊和新生、缺少和獲得、貪多和迷惑。他用辯證法的思想作用去觀察和處理社會生活的原則，最後他得出的結論是「不爭」。

【原文】

曲則全，枉則直，窪則盈，敝則新，少則得，多則惑。是以聖人抱一爲天下式。不自見，故明；不自是故彰，不自伐，故有功；不自矜，故長。夫惟不爭，故天下莫能與之爭。古之所謂曲則全者，豈虛言哉！誠全而歸之。

【注解】

枉：屈、彎曲。敝：陳舊。抱一：抱，守。一，即道。此意為守道。式：法式，模範。見：同現。明：彰明。伐：誇。

【譯文】

委曲反而可以保全，彎曲反而可以伸直，低窪反而可以充盈，陳舊反而可以更新，少取反而可以獲得，貪多反而弄得迷惑。所以有道的人堅守這一原則作為天下事理的模範。不自我表揚，反能顯明；不自以為是，反能是非彰明；不自己誇耀，反能得有功勞；不自我矜持，所以才能長久。正因為不與人爭，所以全天下沒有人能與他爭。古時所謂「委曲便會保全」的話，怎麼會是空話呢？它實實在在能夠達到。

【故事】

唐代武則天專權時，為了給自己當皇帝掃清道路，先後重用了武三思、武承嗣、來俊臣、周興等一批酷吏。她以嚴刑厲法、獎勵告密等方式，實行高壓統治，對抱有反抗意圖的李唐宗室、貴族和官僚進行嚴厲的鎮壓，先後殺害李唐宗室貴戚數百人，接著又殺了大臣數百家。至於所殺的中下層官吏，就多得無法統計。武則天曾下令在都城洛陽四門設置「匭」（即意見箱）接受告密文書。對於告密者，任何官員都不得詢問，告密核實後，對告密者封官賜祿：告密失實，並不反坐。這樣一來，告密之風大興，不幸被株連者不下千萬，朝野上下，人人自危。

一次，酷吏來俊臣誣陷平章事狄仁傑等人有謀反行為。來俊臣出其不意地先將狄仁傑逮捕入獄，然後上書武則天，建議武則天降旨誘供，說什麼如果罪犯承認謀反，可以減刑免死。狄仁傑突然遭到監禁，既來不及與家裡人通氣，也沒有機會面奏武后，說明事實，心中不由焦爭萬分。審訊的日子到了，來俊臣在大堂上讀武后的詔書，就見狄仁傑已伏地告饒。他趴在地上一個勁地磕頭，嘴裡還不停地說：「罪臣該死，罪臣該死！大周革命使得萬物更新，我仍堅持做唐室的舊臣，理應受誅。」狄仁傑不打自招的這一手，反倒使來俊臣弄不懂他到底唱的是哪一齣戲了。既然狄仁傑已經招供，來俊臣將計就計，判他個「謀反是實」，免去死罪，聽候發落。

來俊臣退堂後，坐在一旁的判官王德壽悄悄地對狄仁傑說：「你也要再誣告幾個人，如把平章事楊執柔等幾個人牽扯進來，就可以減輕自己的罪行。」狄仁傑聽後，感嘆地說：「皇天在上，后土在下，我既沒有做這樣的事，更與別人無關，怎能再加害他人？」說完一頭向大堂中央的頂柱撞去，頓時血流滿面。王德壽見狀，嚇得急忙上前將狄仁傑扶起，送到旁邊的廂房裡休息，又趕緊處理柱子上和地上的血漬。狄仁傑見王德壽出去了，急忙從袖中抽出手絹，蘸著身上的血，將自己的冤屈都寫在上面，寫好後，又將棉衣撕開，把狀子藏了進去。一會兒，王德壽進來了，見狄仁傑一切正常，這才放下心來。

狄仁傑對王德壽說：「天氣這麼熱了，煩請您將我的這件棉衣帶出去，交給我家裡的人，讓他們將棉絮拆了洗一洗，再給我送來。」王德壽答應了他的要求。

狄仁傑的兒子接到棉衣，聽到父親要他將棉絮拆了，就想：這裡面一定有文章。他送走王德壽後，急忙將棉衣拆開，看了血書，才知道父親遭人誣陷。他幾經周折，托人將狀子遞到武則天那裡，武則天看後，弄不清到底是怎麼回事，就派人把來俊臣叫來詢問。來俊臣做賊心虛，一聽說太后要召見他，知道事情不好，急忙找人偽造了一張狄仁傑的「謝死表」奏上，並編造了一大堆謊話，將武則天應付過去。

又過了一段時間，曾被來俊臣枉殺的平章事樂思晦的兒子也出來替父伸冤，並得到武則天的召見。他在回答武則天的詢問後說：「現在我父親已死了，人死不能復生，但可惜的是太后的法律卻被來俊臣等人給玩弄了。如果太后不相信我說的話，可以吩咐一個忠厚清廉，你平時信賴的朝臣假造一篇某人謀反的狀子，交給來俊臣處理，我敢擔保，在他酷虐的刑訊下，那人沒有不承認的。」武則天聽了這話，稍稍有些醒悟，不由想起狄仁傑一案，忙把狄仁傑召來，不解地問道：「你既然有冤，為何又承認謀反呢？」狄仁傑回答說：「我若不承認，可能早死於嚴刑酷法了。」武則天又問：「那你為什麼又寫『謝死表』上奏呢？」狄仁傑斷然否認說：「根本沒這事，請太后明察。」武則天拿出「謝死表」核對了狄仁傑的筆跡，發覺完全不同，才知道是來俊臣從中做了手腳，於是，下令將狄仁傑釋放。

這是一個典型的以柔克剛，忍一時委屈，而最終達到目的的例子。狄仁傑的做法告訴我們，有時候忍耐住剛強直率的性格與對手周旋，是爭鬥中的良策；相反地，以硬碰硬，則會讓自己吃大虧，這樣做無論從哪方面來講都不是明智之舉。

23 希言自然

【引語】

本章一開始便繼續闡述「希言自然」的道理。這幾個「言」字，按字面解釋，是說話，內含的意思都是指政教法令。老子用自然界狂風暴雨必不持久的事實作比喻，告誡統治者少以強制性的法令橫加干涉，更不要施行暴政，而要行「清靜無為」之政，才符合於自然規律，才能使百姓安然暢適。倘若以法令戒律強制人民，用苛捐雜稅榨取百姓，那麼人民就會以抗拒的行動對待統治者，暴政將不會持久。

【原文】

希言自然。故飄風不終朝，驟雨不終日。孰為此者？天地。天地尚不能久，而況於人乎？故從事於道者，同於道；德者，同於德；失者，同於失。同於道者，道亦樂得之；同於德者，德亦樂得之；同於失者，失亦樂得之。信不足焉，有不信焉。

【注解】

希言：字面意思是少說話。此處指統治者少施加政令、不擾民的意思。飄風：大風、強風。驟雨：大雨、暴雨。從事於道者：按道辦事的人。此處指統治者按道施政。失：指失道或失德。

【譯文】

不言政令不擾民是合乎於自然的。狂風刮不了一個早晨，暴雨下不了一整天。誰使它這樣的呢？天地。天地的狂暴尚且不能長久，更何況是人呢？所以，從事於道的就得到道；從事於德的就得到德；從事於不道不德的就得到不道不德。得到道的人，道也樂於得到他；得到德的人，德也樂於得到他；得到不道不德的人，不道不德也樂於得到他。統治者的誠信不足，就會有人不信任他。

【故事】

英國有位著名的政治家叫福克斯，他在政界做事言而有信，有很好的美譽。

十八世紀，福克斯還是一個孩子時，福克斯家的花園裡有一座舊亭子，他的父親想將其拆除，並在較為開闊處另建一座。小福克斯從住宿學校回家渡假，正巧趕上工人在拆遷亭子。孩子當然很想親眼看一看亭子是怎樣拆除的，所以他打算遲些天返校。

父親卻要他準時到校上課，為此父子間頗有嫌隙。他的母親如同大多數母親那樣，在旁替小福克斯說情，末了，父親答應將亭子的拆遷延後到來年的假期。於是小福克斯就離家返校了。兒子一走，他就讓人把亭子拆了，在另一處蓋了一座新的。誰想到兒子卻一直把亭子這件事記在心上。假期又到了，小福克斯一回家，就朝舊亭子走去。

早餐時，他悶悶不樂地對父親說：「你說話不算數！」年邁的英國紳士聽後大為震驚，嚴肅地說：「孩子，你說得對，我做錯了，我馬上改。言而有信比財富更重要。縱有萬貫家產也不能抵消食言給心靈帶來的污點。」說罷，父親隨即讓人在原地蓋起了一座亭子，再當著孩子的面將其拆除……

誠信是你與人相處的保障。人與人只有彼此產生了信任感，才能很好地交往，不然的話就會處處充滿戒心。然而只有你取得別人的信任後，才有可能得到更多發揮自己才能的空間。所以不要因一時疏忽而去欺騙別人，從而失去誠信。

24 企者不立，跨者不行

【引語】

在本章不僅說明急躁冒進、自我炫耀的行為不可取，也喻示著雷厲風行的政舉將不被人們所普遍接受。

【原文】

企者不立，跨者不行。自見者不明，自是者不彰。自伐者無功，自誇者不長。其於道也，曰：餘食贅行。物或惡之，故有道者不處。

【注解】

企：一本作「支」，意為舉起腳跟，腳尖著地。跨：躍、越過，闊步而行。贅行：多餘的形體，因飽食而使身上長出多餘的肉。

【譯文】

踮起腳尖想要站得高，反而站不穩，邁起大步想要前進得快，反而走不動。自逞己見的反而得不到彰明，自以為是的反而得不到顯昭。自我誇耀的無法建立功勳，自高自大的反而不能長久。從道的角度看，以上這些急躁炫耀的行為，只能說是剩飯贅瘤。因為它們是令人厭惡的東西，所以有道的人絕不會這樣做。

【故事】

山雞很美麗，渾身都披著五顏六色的羽毛，在陽光的照耀下熠熠生輝、鮮艷奪目，叫人讚歎不已。山雞也很為這身華羽而自豪，非常憐惜自己的美麗。牠在山間散步的時候，只要來到水邊，瞧見水中自己的影子，牠就會翩翩起舞，一邊跳舞一邊驕傲地欣賞水中倒映出的自己那絕世無雙的舞姿。

魏武帝曹操當政的時候，有人從南方獻給他一隻山雞。曹操十分高興，召來了有名的樂工，為他奏起動聽的曲子，好讓山雞跳舞歌唱。

樂工賣力地又吹又打，可是山雞卻一點都不買帳，充耳不聞，既不唱也不跳。曹操的手下人拿來美味的食物放在山雞面前，山雞連看都不看，無精打采地耷拉著腦袋走來走去。就這樣，任憑大家想盡了辦法，使盡了方式，始終都沒辦法逗山雞起舞。

曹操非常掃興，氣惱不已，斥責手下人說：「你們這麼多人，連一隻山雞都對付不了，還怎麼做大事！」

曹操有一位十分鍾愛的小兒子，名叫曹沖。曹沖自幼聰明伶俐，又博覽群書、見識淵博。這時候，他動了動腦筋，有了主意，於是就走上前對曹操說：「父王，兒臣聽說山雞一向為自己的羽毛感到驕傲，所以一見到水中有自己的倒影，就會跳起舞來欣賞自己的美麗。何不叫人搬一面大鏡子來放在山雞面前，這樣山雞顧影自憐，就會自動跳起舞來了。」

曹操聽了拍手稱妙，馬上叫人將宮中最大的鏡子抬過來，放在山雞面前。

山雞慢悠悠地踱到鏡子跟前，一眼看到了自己無與倫比的麗影，比在水中看到的還要清晰得多。牠先是拍打著翅膀對著鏡子裡的自己激動地鳴叫了半天，然後就扭動身體、舒展步伐，翩翩起舞了。

山雞迷人的舞姿讓曹操看呆了，連連擊掌，讚歎不已，也忘了叫人把鏡子抬走。

可憐的山雞，對影自賞，不知疲倦，無休無止地在鏡子前拚命地又唱又跳。最後，牠終於耗盡了最後一點力氣，倒在地上死去了。

山雞的確美麗，但牠的虛榮心也實在太強了，以致於受人愚弄。我們可不能讓虛榮心、好勝心戰勝了理智，否則就會遭到慘敗。

25 師法自然，可以成「道」

【引語】

這一章，老子描述了「道」的存在和運行，這是《道德經》裡很重要的內容。

【原文】

有物混成，先天地生。寂兮寥兮，獨立而不改，周行而不殆，可以爲天下母。吾不知其名，字之曰道，強爲之名曰大。大曰逝，逝曰遠，遠曰反。故道大，天大，地大，人亦大。域中有四大，而人居其一焉。人法地，地法天，天法道，道法自然。

【注解】

物：指「道」。混成：混然而成，指渾樸的狀態。寂兮寥兮：沒有聲音，沒有形體。獨立而不改：形容「道」的獨立性和永恆性，它不靠任何外力而具有絕對性。周行：循環運行。不殆：不息之意。母：指「道」，天地萬物由「道」而產生，故稱「母」。字之曰道：勉強命名它叫「道」。大：形容「道」是無邊無際的、力量無窮的。逝：指「道」的運行周流不息，永不停止的狀態。反：另一本作「返」。意為返回到原點，返回到原狀。人亦大：一本作「王亦大」，意為人乃萬物之靈，與天地並立而為三才，即天大、地大、人亦大。域中：即空間之中，宇宙之間。道法自然：「道」純任自然，本來如此。

【譯文】

有一個東西混然而成，在天地形成以前就已經存在。

聽不到它的聲音也看不見它的形體，寂靜而空虛，不依靠任何外力而獨立長存永不停息，循環運行而永不衰竭，可以作為萬物的根本。

我不知道它的名字，所以勉強把它叫做「道」，再勉強給它起個名字叫做「大」。

它廣大無邊而運行不息，運行不息而傳之久遠，而又返回本原。所以說道大，天大，地大，人也大。

宇宙間有四大，而人居其中之一。

人取法地，地取法天，天取法「道」，而道純任自然。

【故事】

古希臘哲學家第歐根尼有一回在海上行船，被海盜俘虜並被賣作奴隸。人們問他能做什麼？他說能做「治理人」。第歐根尼讓叫賣者喊：「誰願意買一個主人？」一個叫塞尼亞得的富人買了他做兒子的家庭教師。塞尼亞得非常尊重第歐根尼，常常說：「一個傑出的天才走進了我的家門。」

朋友們終於打聽到了第歐根尼的下落，趕來要為他贖身。第歐根尼卻阻止了他們，說：「作為哲人，即使我身為奴隸，也是他人的自然統治者，就像醫生為病人服務，卻是病人的導師一樣。」

第歐根尼是奴隸沒錯，但他是主人家的家庭教師，開始時教孩子，慢慢地全家人都聽他的教誨，奴隸成了主人的主人。

這種角色的轉變與雙重性是雙方都覺察到的，但雙方都能接受，因為第歐根尼確實是個導師。

第歐根尼不在導師的位置做導師，而是在奴隸的位置做導師，這就反映了人類對智慧的天生依賴，並不因地位的顛倒而顛倒，而因智者的引導而引導。中國古代的士人最大的理想是做帝王師，就是為了透過做奴隸去做主人的主人。

26 重爲輕根，靜爲躁君

【引語】

老子在本章又舉出兩種矛盾的現象：輕與重、動與靜，而且進一步認為，矛盾中一方是根本的。在重輕關係中，重是根本，輕是其次，只注重輕而忽略重，則會失去根本；在動與靜的關係中，靜是根本，動是其次，只重視動則會失去根本。

【原文】

重爲輕根，靜爲躁君。是以聖人終日行不離輜重，雖有榮觀，燕處超然。奈何萬乘之主，而以身輕天下？輕則失根，躁則失君。

【注解】

輜重：軍中載器械糧食的車。榮觀：指華麗的生活。燕處：安居。萬乘之主：指大國的君主。

【譯文】

上輕下重的事物有穩定的根基，心裡清靜可以抑制不安的情緒。因此聖人整天行事，卻不輕舉妄動，處處穩重。雖然過著華麗的生活，但卻也沉靜超然。作為萬乘之國的君主，怎麼可以用輕浮的態度來治理天下呢？輕浮就是脫離了君王的根本，躁動等於失去了君王之道。

【故事】

三國時的劉備可謂一代名君，但因他一時的錯判做出了終生後悔的事，喪失了統一大業的機會。

三國時關羽敗走麥城，被東吳所殺，劉備感情用事，興兵伐吳，最後導致兵敗，蜀國由此開始走下坡路。

劉備興兵伐吳，首先違背了諸葛亮「聯吳抗魏，三分天下」的戰略決策，將軍趙雲首先反對，他說：「當前，我們的主要敵人是曹操，不是孫權。如果我們滅掉了魏，吳自然會來順服。現在曹操剛死，曹丕篡奪了帝位，我們正好利用這個有利時機，團結大家，趁早占領關中，控制黃河、渭水的上游，討伐曹魏。這樣名正言順，我們一定會得到關東人民的回應。我們不應該把曹魏擱在一邊，先與東吳交戰。戰火一經點燃，就會蔓延下去，很難收拾了，這不是上策。」但是，劉備不聽。

孫權也不願意再擴大兩國的糾紛，兩次派遣使者去求和，都被劉備拒絕了。

東吳的南郡太守諸葛瑾寫信給劉備，信裡明確指出：「從君臣的關係上講，您應該親關羽呢，還是更應親先帝（漢朝末代皇帝漢獻帝）？從地域上講，荊州大呢？還是整個中國大？魏和吳都是您的敵國，但您應該先對付哪一個？請您仔細考慮一下。」

劉備不聽任何人的勸阻，大兵伐吳，結果一敗塗地，這一戰損傷了蜀國元氣，諸葛亮統一天下的大計也成了夢想，劉備也在大戰不久後病死在白帝城。

「將不可慍而致戰」。劉備伐吳時，蜀軍在吳營前叫罵挑戰，吳將氣得渾身發抖，大家請求出兵攻打蜀軍，陸遜堅絕不答應，他對諸將解釋說：「劉備天下聞名，曹操活著的時候還對他有所顧忌，這次他親自率領大軍，進攻東吳，已經連打了十幾陣勝仗，深入我們國土五、六百里，銳氣正盛。現在他列陣在平原廣野之間，正是得志的時候。很明顯，目前他要引誘我軍出戰，然後一鼓殲之。因此，我們必須鎮定，不能輕易出擊。等到蜀軍求戰不得，鬥志消沉，我們再進攻，一定能取勝。」同時他還指出：「劉備非常狡猾，詭計多端，絕不會只叫吳班一支軍隊出城，它的後面必然有埋伏。」

劉備看吳兵不出來迎戰，知道自己的計劃被識破了，於是把隱藏在山谷中的軍隊都調了出來，這時眾將對陸遜才心服口服了。

西元二三四年，諸葛亮率大軍伐魏，司馬懿仍然採用防守的方法，不與諸葛亮交戰。諸葛亮派人給司馬懿送去婦人衣物和書信。司馬懿拆書觀看，書中說：

「仲達既為大將，統率中原之眾，不思披堅執銳，以決雌雄，乃甘窟守上巢，謹避刀箭，與婦人又何異哉！今遣人送巾幗素衣至，如不出戰，可再拜而受之。倘恥心未泯，猶有男子胸襟，早與批回，依期赴敵。」

司馬懿看完書信，心中大怒，但他仍然笑著說：「孔明視我為婦人耶！」接受了衣物，並重待來使。司馬懿問來使：「孔明寢食及事之煩簡怎樣？」

使者回答說：「丞相起早睡晚，罰二十以上者來覽。所啖之食，日不過數升。」

司馬懿回頭對眾將說：「孔明食少事煩，豈能久乎？」

使者回去見了孔明之後說：「司馬懿受了巾幗女衣，看了書劄，並不嗔怒，只問丞相寢食及事之煩簡，絕不提軍旅之事。某以此應對，彼言：『食少事煩，豈能久乎？』」

孔明嘆氣說：「彼深知我也！」孔明這次出祁山，死於五丈原。

司馬懿在這場心理爭鬥中，表現出高超的心理素質，不為孔明之辱而輕舉妄動，同時，他還能做到「知彼知己」，在心理上給孔明以有力的反擊。這場心理戰，孔明用計不成，反被司馬懿回頭一擊，只得自嘆。

一個君主或一個將帥，都必須有高度的修養，能以國家的安危、民眾的生死為重，不以自己的喜怒作為戰與不戰的根據，這樣的君主、將帥，才是明智的君主、智慧的將帥。劉備的失敗，也從反面說明了這個道理。

27 常善救人，常善救物

【引語】

在本章老子用「善行」、「善言」、「善數」、「善閉」、「善結」作喻指，說明人只要善於行不言之教，善於處無為之政，符合於自然，不必花費太大的氣力，就有可能取得很好的效果，並且無可挑剔。即是對「自然無為」思想的引申。

【原文】

善行無轍跡，善言無瑕謫，善數不用籌策，善閉無關楗而不可開，善結無繩約而不可解。是以聖人常善救人，故無棄人；常善救物，故無棄物。是謂襲明。故善人者，不善人之師；不善人者，善人之資。不貴其師，不愛其資，雖智大迷。是謂要妙。

【注解】

轍跡：即明顯的痕跡，可以指車轍的痕跡亦可指足跡，義較轍跡為勝。瑕謫：缺點、過失。籌策：古代的計算工具。閉：關閉、封閉；關楗：指封閉房門的鎖或閘門。結：打結、捆綁；繩約：即繩索。棄：遺棄、拋棄、丟棄；棄人：被拋棄的人。襲：承襲；明：光明，此處指明道。師：教師。迷：迷糊、迷惑。要妙：最為玄妙。

【譯文】

善於行動的人其行為無跡可尋，善於言語的人其言語無懈可擊，善於計算的人，其計算不用籌碼，而能正確無誤，善於關閉的人，其關閉不用門閂，別人卻不能開，善於捆綁的人，其捆綁不用繩索，而固不可解。因此，聖人善於救助人民，所以沒有被遺棄的人；善於利用萬物，所以沒有被廢棄之物。這就叫做保持明境。所以，善人是不善之人的老師；而不善之人是善人借鑑的對象。不尊重自己的老師，不珍惜自己的借鑑，即使是個有智慧的人，但也只能算是不明真理的糊塗之人，這就是奧妙之所在。

【故事】

想必我們都聽說過「胡服騎射」的故事吧！

戰國時期的趙國，北方大多是胡人部落，他們雖然和趙國沒有發生大的戰爭，但常有小的掠奪戰鬥。由於胡人都是身穿短衣、長褲，作戰騎在馬上，動作十分靈活方便。開弓射箭，運用自如，往來奔跑，迅速敏捷。而趙國軍隊雖然武器比胡人精良，但多為步兵和兵車混合編制，加上官兵都身穿長袍，看起來比較笨重，騎馬很不方便。

因此，在交戰中常常處於不利地位。鑑於這種情況，趙武靈王就想向胡人學習騎馬射箭。要學習騎射，首先必須改革服裝，採取胡人的短衣、長褲款式。

於是，武靈王於西元前三〇二年開始改革，在大臣肥義等人的支持下，下令在全國改穿胡人的服裝，因為胡服在日常生活中做事也很方便，所以很快得到人民的擁護。武靈王在胡服措施成功之後，接著訓練騎兵隊伍，改變了原來的軍事裝備，趙國的國力也逐漸強大起來，不但打敗了過去經常侵擾趙國的中山國，而且還向北方開闢了上千里的疆域，成為當時的「七雄」之一。

把別人的東西拿來，結合自己的實情做一番比較，以便取人之長，補己之短，或從中吸取教訓。

28 常德乃足

【引語】

這一章重點講「復歸」的學説，前幾章雖多次講到這個問題，但本章是作為重點來講的，給人留下的印象更為深刻。老子提出這樣的一個原則：知雄、守雌，用這個原則去從事政治活動，參與社會生活。

【原文】

知其雄，守其雌，爲天下溪。爲天下溪，常德不離，復歸於嬰兒。知其白，守其黑，爲天下式。爲天下式，常德不忒，復歸於無極。知其榮，守其辱，爲天下谷。爲天下谷，常德乃足，復歸於樸。樸散則爲器，聖人用之，則爲官長。

故大制不割。

【注解】

雄：雄性，代表雄壯；雌，雌性，代表柔弱。常德：即恆德；德作得，即長久地獲得。天下式：天下的典範，即天下的楷模。忒：閃失。無極：最高的精神境界。無，精神。極，頂點。官長：百官的首長。大制不割：完善的政治是不割裂的。

【譯文】

既有蓬勃向上的朝氣，又有溫良平和的心態，不求洶湧澎湃，甘當天下潺潺小溪。像小溪流水那樣永遠的清純透澈，在心靈的不斷淨化中，逐漸回復到嬰兒般的真性情。

深知自身的清白，卻堅守自身的暗昧，就可以成為天下的典範。成為天下的典範，永恆的德就不會出差錯，再次回到宇宙的初始。

深知自己的榮耀，卻願守卑下、恥辱，甘作天下的山谷。甘作天下的山谷，永恆的德才會充足，而回歸純樸。純樸化而為自然大道，聖人就可以依靠它成為領導者，所以，完善的統治制度是順自然而行，無為而治，而不是勉強去分割的。

【故事】

有一年，在比利時某畫廊發生了這樣一件事：美國畫商看中了印度人帶來的三幅畫，標價為二百五十美元，畫商不願出此價錢，於是唇槍舌劍，誰也不肯讓步，談判進入了僵局。

那位印度人火大了，怒氣沖沖地當著美國人的面把其中一幅畫燒了。美國人看到這麼好的畫被燒了，當然感到十分可惜。他問印度人剩下的兩幅畫願意賣多少錢，回答還是二百五十美元。美國畫商見印度人毫不退步，又拒絕了這個價格，這位印度人把心一橫，又燒掉了其中的一幅畫。

美國畫商只好乞求他千萬別再燒這最後一幅畫。當他再次詢問這位印度人願賣多少錢時，賣者說道：「最後一幅畫能與三幅畫是一樣的價錢嗎？」結果，這位印度人手中的最後一幅畫竟以六百美元的價格拍板成交。

當時，其他畫的價格都在一百美元到一百五十美元之間，而印度人的這幅畫卻能賣得如此之高，原因何在？首先，他燒掉兩幅畫以吸引那位美國人，便是採用了「以退為進」的戰略，因為他「有恃無恐」，他知道自己出售的三幅畫都是出自名家之手。

燒掉了兩幅，剩下了最後一幅畫，正是「物以稀為貴」。這位印度人還瞭解到這個美國人有個習慣，喜歡收藏古董名畫，只要他愛上這幅畫，是不肯輕易放棄的，寧可出高價也要收買珍藏。聰明的印度人施展這招果然很靈，一筆成功的生意唾手而得。

當然，要想成功地採用「以退為進」的策略，必須要有一定的後盾的，掌控好分寸。「不打無準備之仗」，心中沒有十分的把握而輕易使用此計，難免弄巧成拙。如果那位印度人不瞭解美國人喜愛古董的習慣，不能肯定他一定會買下那最後一幅畫而去燒掉前兩幅，如果最後美國人沒有買那幅畫，印度人可就是「賠了夫人又折兵」，後悔莫及。

你退一步，按照你所掌握的對方的心理，對方願意採取令你滿意的行動，你的「以退為進」才能達到預期的目的。

做任何事都必須要有周全計劃，有進有退，能夠掌握控制局面的節奏。

29 去奢去泰

【引語】

在本章老子說，如果以暴力統治人民，都將是自取滅亡，世間無論人或物，都有各自的秉性，其間的差異性和特殊性是客觀存在的，不要以自己的主張意志強加於人，而採取某些強制措施。理想的統治者往往能夠順任自然、不強制、不苛求，因勢利導，遵循客觀規律。即本章所講的「無為」，並不是無所作為，也不是在客觀現實面前無能為力。

【原文】

將欲取天下而爲之，吾見其不得已。天下神器，不可爲也，不可執也。爲者敗之，執者失之。是以聖人無爲，故無敗；無執，故無失。故物或行或隨，或歔或吹，或強或羸，或載或隳。是以聖人去甚，去奢，去泰。

【注解】

神器：指祭祀天地神祇的器具，古代王朝只有國君擁有祭祀天地的資格，因此亦只有國君擁有神器，所以，神器亦象徵國家政權。歔：輕吹。吹，急噓。羸：柔弱。載：安穩。隳，墜落。甚：極端的事物。奢，奢侈。泰，過分舒適。

【譯文】

想要奪取天下而去主觀地加以人為的措施，我看是不會有什麼好結果的。天下（人類社會）是大自然神聖的產物，是不能憑主觀意願去改造的。硬要這樣做必敗，堅持執行改造的人就會失去它。強行作為的人必敗，強行把持的人必失。因此聖人無所作為，所以他就不會失敗；聖人不強行把持，所以他就不會失去。因為萬物都有自己發展的規律，有前行必有後隨，有吸入必有呼出，有強盛必有衰弱，有上升必有跌落。所以，聖人總是避免使自己有過分、奢侈、過泰的慾望，而使自己始終保持中和無欲。

【故事】

一個孩子伸手到一個裝滿榛果的瓶裡去，他盡其所能地抓了一把榛果。當他想把手收回來時，手卻被瓶口卡住了。他既不願放棄榛果，又不能把手伸出來，不禁傷心地哭了起來，旁人對他說：「如果你只拿一半，讓你的拳頭小一些，那你的手就可以很容易地拿出來了。」

我們有多少次站在人生的十字路口上，無論我們願不願意都要面臨諸多選擇。有選擇就有放棄，趨利避害是人的本能，生活中有許多事情是要我們迎難而上，努力拚搏才能取得最後的勝利。但如果目標不對，一味地流汗只意味著偏執，是一種無謂的犧牲。有人說：「我以一生的精力去做一件事，十年、二十年……再笨也會成為某一方面的專家。」但是如果這條路不適合你，自信和執著只能使你身陷泥潭，不能自拔。

莎士比亞說：「倘若沒有理智，感情就會把我們弄得精疲力竭，為了制止感情的荒唐，所以才有智慧。」用一般人的話說：「別在一棵樹上吊死」、「別鑽牛角尖」。話雖粗俗，理卻真切，學會放棄，是一種自我調整，是人生目標的再次確立。

學會放棄不是不求進取，知難而退也是一種圓滑的處世哲學。有的東西在你想要得到又得不到時，一味的追求只會給自己帶來壓力、痛苦和焦慮。這時，學會放棄是一種解脫。

30 善果而已，不以取強

【引語】

在本章裡，老子認為戰爭是人類最愚昧、最殘酷的行為，「師之所處，荊棘生焉」、「大軍之後，必有凶年」，揭示了戰爭給人們帶來的嚴重後果。老子主張反戰的思想，無論在當時還是後世，都有其積極的意義。

【原文】

以道佐人主者，不以兵強天下，其事好還。師之所處，荊棘生焉。大軍之後，必有凶年。善者果而已，不敢以取強。果而勿矜，果而勿伐，果而勿驕，果而不得已，果而勿強。物壯則老，是謂不道。不道早已。

【注解】

佐：輔佐。兵，軍隊。強，逞強。其事好還：用兵這件事一定會得到還報。凶年：災荒之年。果：成果、結果。取強，顯示強大。老：衰老。不道：不符合道。早已：很快就結束。

【譯文】

用「道」輔佐君主的人，不以兵力稱強於天下，用兵這件事會得到報應的。軍隊住過的地方，會長滿荊棘野草。大戰之後，田地荒蕪，必是荒年。善於用兵的人只要達到戰略目的就會罷手，絕不敢長久地霸道逞強。戰勝而不自滿，戰勝而不自驕，戰勝而不自豪，動用武力來達到目的是不得已而為之，勝了就要懂得適可而止，切忌繼續逞強。事物達到了強盛的極點，就會逐漸衰弱，這就是違反了「道」的原理，會很快地滅亡。

【故事】

漢朝時，漢文帝有一段時間，不幸染上了膿疱瘡，全身多處流著膿血，周圍的侍人多感到難以服侍。唯有善於拍馬溜鬚的鄧通最為乖巧，每天都用嘴在漢文帝的身上吸吮膿血，而且為了不沾污漢文帝的鼻目，鄧通總是把膿血直接吸入肚中，使漢文帝感到十分的舒暢。

有一天，漢文帝問鄧通：「天下誰最愛我？」

鄧通即答：「太子。」

因此，當太子入宮侍候漢文帝時，漢文帝就叫太子學鄧通的樣子，吸吮自己身上的膿血。太子感到十分噁心，卻不得不硬著頭皮去做，後來太子知道這是因鄧通的言行所致，為此，太子就覺得鄧通是十分可恨可憎的人。

後來，太子即位，就是漢景帝，他馬上免去了鄧通的官職，接著，又以別的罪名抄了鄧通的全部家產，連一根別頭髮的簪子也沒有給他留下。鄧通衣食無著，又乞討無門，最後活活地餓死了。待人行事宜言而有信，恆心如一。

31 不得已而用之，恬淡爲上

【引語】

這一章仍是講戰爭之道，是上一章的繼續和發揮。上一章著重從後果講，這一章則以古代的禮儀來比喻。按中國古代的禮儀看，主居右，客居左，所以居左有謙讓的意思，「君子居則貴左，用兵則貴右」。

老子認為，兵器戰爭雖然是不祥的東西，但作為君子，在迫不得已之時，也要用戰爭的方式達到自己的目的，只是在獲取勝利時不要以兵力逞強，不要隨意地使用兵力殺人。相反地，對於在戰爭中死去的人，要真心的表示哀傷痛心，並且以喪禮妥善安置死者。

【原文】

夫佳兵者不祥之器，物或惡之，故有道者不處。君子居則貴左，用兵則貴右。兵者不祥之器，非君子之器，不得已而用之，恬淡爲上。勝而不美，而美之者，是樂殺人。夫樂殺人者，則不可以得志於天下矣。吉事尚左，凶事尚右。偏將軍居左，上將軍居右。言以喪禮處之。殺人之眾，以悲哀泣之，戰勝以喪禮處之。

【注解】

兵：兵器。不祥之器，不吉祥的器具。惡：憎惡、厭惡。左：古代禮制以左為上。右：指行軍打仗則以右為上。恬淡：指心裡平靜。吉事：喜事；凶事，凶喪事。喪禮：喪葬之禮。處：處理。

【譯文】

兵器是不祥的東西，大家都怨惡它，所以有道的人不使用它。君子平時以左方（左代表生）為貴，用兵時以右方（右代表殺）為貴。兵器是不祥的東西，不是君子所使用的東西，萬不得已而使用它，最好要淡然處之。勝利了也不要得意洋洋，如果得意洋洋，就是喜歡殺人。喜歡殺人的，就不能在天下得到成功。吉慶的事情以左方為上，凶喪的事情以右方為上。偏將軍在左邊，上將軍在右邊，這是說出兵打仗用喪禮的儀式來處理。殺人眾多，帶著哀痛的心情去對待，打了勝戰要用喪禮的儀式去處理。

【故事】

美國有一位大名鼎鼎的律師馬塞，是一個善用幽默的人。有一次，他當眾演說時，聽眾中不時有人大聲喊著：「講大聲一點！大聲一點！」

起初馬塞還置之不理，但後來實在忍無可忍了，便使用很嚴肅的態度對主席說：「主席，你想將來如果有一天，一個天使跑來宣布上帝的命令，說世界已經到了末日時，那些呆子會不會也擠在老遠的聽眾後面，大聲地叫他『說大聲一點』呢？」他這樣一說，那些一味瞎喊的人便立刻安靜下來，於是他得以繼續講完他原來的演說。

還有一次，馬塞在一個大會中演講時，台下有一個愛爾蘭人對他破口大罵，可是他卻若無其事地說：「你儘管罵個痛快吧！因為我正是那個最不懂會場規矩的人。」這使聽眾們立刻哄然大笑，並把那個不懂會場規矩的人趕走了。

以上種種都是我們在日常社交處世中迴避衝突的絕妙辦法，我們不妨學來一用。

沒有衝突，自然沒了爭執，沒有了引爆動用武力的導火線，由此我們便可以與人和平相處，遠離戰爭了，甚至還成就了一個幽默、睿智的你。

與人無爭，就能親近於人；與物無爭，就能育撫萬物；與名無爭，名就主動到來；與利無爭，利就聚集而來。禍患的到來，全是爭的結果。而無爭，也就沒有災害。

32 知之不殆

【引語】

本章表達了老子「無為」的政治思想，認為侯王若能依照「道」的法則治天下，順應自然，那樣，百姓們將會自動地服從於他。

【原文】

道常無名，樸，雖小，天下莫能臣也。侯王若能守之，萬物將自賓。天地相合，以降甘露，民莫之令而自均。始制有名，名亦既有，夫亦將知止，知止所以不殆。譬道之在天下，猶川谷之與江海。

【注解】

樸：質樸、素樸。小，渺小而不顯彰。臣，臣服、屈服。自賓：自動服存。

甘露：雨水。始制有名：萬物興作，於是產生了各種名稱。殆：窮竭、危險。

【譯文】

道是永恆的存在，但它又是渾樸而無狀可名的，使人見不到它的真正面貌。雖然幽微不可見，天下卻沒有人能臣服它。侯王如果能守住它，萬物將會自然地歸從。

天地間（陰陽之氣）相合，就降下甘露，人們不需指使它而自然潤澤均勻。萬物興作就產生了各種名稱，各種名稱已經制定了，就知道有個限度，知道有所限度，就可以避免危險。道存在於天下，有如江海為河川所流注一樣。

【故事】

莊子帶著學生到山中，看見伐木工人正在砍伐樹木，卻有一棵枝葉繁茂的大樹沒有受到工人的青睞。莊子問他們何以沒有砍伐這棵大樹，工人回答：「這棵樹根本沒有用處。」

下山之後，莊子到一位老朋友家休息，老友相見，分外高興，連忙命兒子去殺一隻鵝款待。兒子問：「一隻會叫，一隻不會，殺哪一隻？」父親說：「殺那隻不會叫的。」

第二天，學生們問莊子：「昨天山中那棵大樹因為沒有用處，所以沒有被砍伐，而主人家的鵝卻又由於沒有用處被宰殺。請問老師，您是以什麼樣的態度作為處世之道呢？」

莊子笑著說：「我將自己處於有用和無用之間，看似有用，又似無用；看似無用，又似有用。不過，這仍難免有害。如果能心懷道德待人處世，就決計無害了。」

羚羊被捕殺，只因為羚羊有角；墳墓被挖掘，只因為墓中藏有殉葬的金銀。而樹之所以未被伐，是因為毫無用處；鵝之所以被殺，是因為不會發出叫聲。

許多事，不要用自己的眼光和標準來看待事情，很多事情本無所謂是非，可是在心中有是非的人的眼裡就會生出是非來。我們做人做事不要在心中設定一個限制，那樣我們就會侷限於這個限制來認識世界。我們的意識無法像道那樣無名無形、遍布天下，又怎樣能如道一樣納百川而成江海呢？

33 知人者智，自知者明

【引語】

本章側重於探討人生哲理。老子在本章，全部都用正面直言的文字，與前面幾章不同。老子認為，一個人倘若能省視自己、堅定自己的生活信念，並且切實推行，就能夠保持旺盛的生命力和飽滿的精神風貌。

【原文】

知人者智，自知者明。勝人者有力，自勝者強。知足者富，強行者有志。不失其所者久，死而不亡者壽。

【注解】

強行：勤勉力行。死而不亡：身歿而道猶存。

【譯文】

善於瞭解別人的人是明智，善於瞭解自己的人才最聰明。能夠克制別人的人是有力量，能夠克制自己的人才最強大。知道滿足的人才能富有，努力不懈的人才最有志向。不喪失根基的人才能長久，身死而道猶存的人才最長壽。

【故事】

有位信徒向默仙禪師說道：「我的妻子貪婪吝嗇，您能否點化她，讓她從此改正嗎？」

默仙應允。當默仙到達信徒家時，信徒的妻子出來迎接，但一杯茶水也捨不得請默仙喝。於是，禪師握著一個拳頭說道：「夫人，妳看我的手，如果我天天這樣，妳覺得怎麼樣？」

「如果手天天握著，那就是有毛病，畸形呀！」夫人答道。

默仙禪師聽後，微微一笑，又把手攤開，問道，「那麼，假如天天這樣呢？」

「天天攤開，也是畸形呀！」夫人答道。

「不錯，這些都是畸形！」默仙禪師立刻答道，「如果對錢只知道貪取，不知施捨於人，是畸形；反之，只知道花錢，不知道節約，也是畸形。錢要能進能出，量入而出。」這位太太被禪師點化，終於明白了用財之道！

人一旦被私欲蒙住了心靈，就容易淪為慾望的奴隸，其實並不明白自己真正想要追求的是什麼，只是盲無目的地隨波逐流，埋葬了自己真正的幸福，至於那些過於自私或物欲過強的人，多半都會遭受別人的排斥，常常由於自私自利而自毀前程。所以，做金錢的主人，好好利用它來豐富我們的人生，而不要淪為金錢的奴隸，將靈魂簽約給魔鬼。

34 終不爲大，能成其大

【引語】

這一章說明「道」的作用，這是老子在《道德經》書中再次談到「道」的問題。他認為，「道」生長萬物，養育萬物，使萬物各得所需，而「道」又不主宰萬物，完全順任自然。此章內容從另一角度看，又是在談作為「聖」、「侯王」所應該具備的素質。

【原文】

大道氾兮，其可左右。萬物恃之而生而不辭，功成而不有，愛養萬物而不爲主。常無欲，可名於小；萬物歸焉而不爲主，可名爲大。以其終不自爲大，故能成其大。

【注解】

氾：氾濫流行。左右，無所不在。恃：依賴。辭：推辭。功成而不有：獲得成功而不占有名聲。愛養：愛護和養育，他本亦作「衣被」、「衣養」，義同。不為主，不做主宰者。小：渺小，道因無欲故聲名不顯著。

【譯文】

大道氾濫流行，無所不到。萬物依賴它生長而不推辭，有所成就而不自以為有功，養育萬物而不自以為主，永遠沒有私欲，可以說是渺小得很，所以可稱它為「小」；萬物歸附於它而它不自以為主宰，可以說極其偉大，所以可稱它為「大」。由於它不自以為偉大，所以才能成就它的偉大。

【故事】

幾年前，一個少女來到東京帝國酒店當服務員。這是她涉世之初的第一份工作，因此她暗下決心：一定要好好做！但她想不到的是，上司竟然安排她洗廁所！

沒人愛做洗廁所的工作，更何況她從未做過粗重的工作，細皮嫩肉，喜愛潔淨。洗廁所時在視覺上、嗅覺上以及體力上，都會使她難以承受，心理暗示的作用更是使她忍受不了。當她用自己白皙細嫩的手拿著抹布伸向馬桶時，胃裡立刻翻江倒海，噁心得幾乎嘔吐卻又吐不出來，太難受了。而上司對她的工作品質要求非常高：必須把馬桶抹洗得光潔如新！

她知道自己不適應洗廁所這一工作，真的難以實現「光潔如新」這一高標準的品質要求。因此，她陷入了困惑、苦惱之中，也哭紅了鼻子。這時，她面臨著人生第一步「如何走下去？」的抉擇，是繼續做下去？還是另謀他職？繼續做下去——太難了！另謀他職——知難而退？人生之路豈有退堂鼓可打？想起了自己初來時曾下過的決心：人生第一步一定要走好，馬虎不得！

正在這個關鍵時刻，單位裡一位前輩及時地出現在她面前，幫助她擺脫了困惑、苦惱，幫她邁好了這人生第一步，更重要的是幫她認清了人生路應該如何走。但他並沒有用空洞理論去說教，只是親自動手做了一遍給她看。

首先，他一遍遍地抹洗著馬桶，直到抹洗得光潔如新；然後，他從馬桶裡盛了一杯水，一飲而盡喝了下去！竟然毫不勉強，實際行動勝過千言萬語，他不用一言一語就告訴了這個女孩一個極為樸素、極為簡單的真理：光潔如新，要點在於「新」，就不會有人認為新馬桶髒，因此馬桶中的水不是髒的，是可以喝的；反過來講，只有馬桶中的水達到可以喝的潔淨程度，才算是把馬桶抹洗得「光潔如新」了，而這一點已被證明是可以辦到的。

同時，他送給她一個含蓄的、富有深意的微笑，送給她一束關注的、鼓勵的目光。這已經夠用了，因為她早已激動得幾乎不能自持，從身體到靈魂都在震顫。她目瞪口呆，熱淚盈眶，恍然大悟，如夢初醒！她痛下決心：「就算一生洗廁所，也要做一名最出色的洗廁所人！」

從此，她成為一個全新的、振奮的人，她的工作品質也達到了那位前輩的高水準，當然她也多次喝過馬桶水，為了檢驗自己的自信心，為了證實自己的工作品質，也為了強化自己的敬業精神，她漂亮地邁好了人生的第一步，從此，她踏上了成功之路，開始了她不斷走向成功的人生歷程。

幾十年後，她已是日本政府的主要官員——郵政大臣，她的名字叫野田聖子。野田聖子堅定不移的人生信念，表現為她強烈的敬業心：「就算一生洗廁所，也要做一名最出色的洗廁所人。」這一點使她幾十年來一直奮進在成功的路上；這一點使她擁有了成功的人生，使她成為幸運的成功者，成功的幸運者。

偉大來自於平凡！

35 執大象，天下往

【引語】

這一章，述說了「道」的作用和影響，但本章和上一章，都不完全是前面各章論「道」的重複，而是隱寓著言外之意。在《道德經》中，「道」已經被多次論及，但從來沒有重複，而是層層深入、逐漸展開，使人切實感受「道」的偉大力量。

【原文】

執大象，天下往。往而不害，安平太。樂與餌，過客止。道之出口，淡乎其無味，視之不足見，聽之不足聞，用之不足既。

【注解】

象：物象、圖像；大象，大的景象。往：去也。安：安全。平，太平。太，即泰，安泰。樂：音樂。餌，食物。過客：行路的旅客。出口：說出來。無味：沒有趣味或滋味。既：盡也；不可既，沒有窮盡。

【譯文】

掌握大道並執守大道，天下人都會傾心歸往。歸往而不互相侵害，天下就會和平安泰。音樂和美食，會使路人止住腳步。而「道」之言出於口，卻淡而無味，看它卻看不見它，聽它卻聽不到它，但它的作用卻無窮無盡。

【故事】

庖丁為梁惠王宰牛。手到的時候，肩倚的時候，腳踩的時候，膝頂的時候，那聲音十分和諧，就跟美妙的音樂一樣，合於堯時的《經首》旋律；那動作也很有節奏，就像優美的《桑林》舞蹈。

梁惠王看得出了神，稱讚說：「哈，好啊！你的技術是怎麼達到這樣高超的地步呢？」

庖丁放下刀對梁惠王說：「我喜歡探求的是道，比一般的技術又進了一步。我開始解剖牛的時候，看到的無非是一頭完整的牛，不知道牛身體的內部結構，不知道從什麼地方下手。三年以後，我眼前出現的是牛的骨縫空隙，就不再是一頭完整的牛。到了今天，我宰牛就全憑感覺了，不需要再用眼睛看來看去，就能知道刀應該怎麼運作。牛的身體組織結構都是有一定規律的，我進刀的地方都是肌肉和筋骨的縫隙，從不碰牛的骨頭，更不用說碰大骨頭了。技術高明的廚師，一年換一把刀，因為他是用刀割。一般的廚師，一個月就更換一把刀，因為他是用刀砍。而我宰牛的這把刀，已經用了十九年；所宰的牛，已經有幾千頭，然而刀口鋒利得仍然像剛在磨石上磨過的一樣。這是為什麼呢？就因為牛的身體組織結構之間有空隙，而刀口與這些空隙比起來，薄得好像一點厚度也沒有。用沒有厚度的刀在有空隙的身體組織間運行，當然綽綽有餘了！所以十九年過去，我的刀還是跟新的一樣。雖然我的技術已達到了這種程度，但我在解剖牛的時候，還是絲毫不敢馬虎，總是小心翼翼，心神專注，進刀時不匆忙，用力時不過猛，牛體迎刃而解，牛肉就像一攤泥土一樣從骨架上滑落到地上。這時，我才鬆下一口氣來，提刀站立，顧視一下四周，心滿意足地把刀揩拭乾淨，收藏起來。」

梁惠王聽了高興地說：「好極了，聽了你的這一席話，我從中悟到了修身養性的道理。」

世間一切事物，都有它自身的規律，掌握了事物的規律，辦事就可以得手應心。

36 將欲奪之，必固與之

【引語】

本章談到若干對矛盾雙方互相轉化的問題。例如，「物極必反」、「盛極而衰」等都可以說是自然界運動變化的規律，同時以自然界的辯證法比喻社會現象，以引起人們的警覺注意。這種觀點貫穿於《道德經》全書。

【原文】

將欲歙之，必固張之。將欲弱之，必固強之。將欲廢之，必固舉之。將欲奪之，必固與之。是謂微明。柔弱勝剛強。魚不可脫於淵，國之利器不可以示人。

【注解】

國之利器不可以示人：國家政權不是用來威懾人的銳利武器。器，一字雙意，既指政權又指武器，如同現代語把政權叫做國家機器一樣。

【譯文】

要想關閉什麼，必定先使它擴張。要想削弱什麼，必定先使它強大。將要廢棄什麼，必定先興舉它。將要奪取什麼，必定先給與它。這都是看似隱微但明顯的小道理。柔弱能戰勝剛強。其間關係就好像魚兒離不開水，國家政權不是用來威脅人的銳利武器。

【故事】

商人遇到了困難，他的生意越做越差，於是他請教智尚禪師，禪師說：「後面的禪院有一架壓水機，你去給我打一桶水來！」

半晌，商人汗流浹背地跑來，說：「禪師，壓水機下面是枯井。」

禪師說：「那你就去山下給我買一桶來吧！」

商人去了，回來後僅僅拎了半桶水。

禪師說：「我不是讓你買一桶水嗎，怎麼才半桶呢？」

商人紅了臉，連忙解釋說：「不是我怕花錢，山高路遠，實在不容易啊！」

「可是我需要一桶水的，你再跑一趟吧！」禪師堅持說。

商人又到山下買了一桶水回來。禪師說，現在我可以告訴你解決的辦法了。於是帶他來到壓水機旁，說：「將那半桶水全部倒進去」。商人非常疑惑，猶豫著。

「倒進去！」禪師命令。

於是，商人將那半桶水倒進壓水機裡。禪師讓他壓水看看。商人壓水，可是只聽到那噴口呼呼作響，沒有一滴水出來，那半桶水全部讓壓水機吞進去了。商人恍然大悟，他又拎起那整桶的水全部倒進去，再壓，果然清澈的水噴湧而出。

禪說：萬事皆因果，得有前因才能有後果，假如你不付出自己的水，沒有足夠的壓力，它就一滴都不會回報你，想得到更多的回報，你必須先捨得付出啊！

37 道常無爲，而無不爲

【引語】

自然界存在著一定的規律，人類恪守自然規律，我們必須尊重自然，按照客觀規律去做事，只有這樣我們的一切活動和行為才不會有偏差，才不會無價值，才不會違背大道的宗旨而受到懲罰。

【原文】

道常無爲而無不爲，侯王若能守之，萬物將自化。化而欲作，吾將鎮之以無名之樸。鎮之以無名之樸，夫亦將無欲。無欲以靜，天下將自定。

【注解】

自化：自己運行，自生自滅。無名：沒有名字。樸，素樸。無名之樸，即如道一般的素樸。無欲：沒有慾望。自定：自己走向安定。

【譯文】

道永遠是順任自然的，然而沒有一件事不是它所為。侯王如果能持守它，萬物就會自生自長。自生自長而至貪欲萌作時，我就用道的真樸來安定它。用道的真樸來安定它，就會不起貪欲。不起貪欲而趨於寧靜，天下便自然復歸於安定。

【故事】

如果你的雞被偷了，要如何證明哪一隻雞是你的呢？

丁寶楨任山東巡撫時，在濟南府（今山東濟南）處理過一樁案子，使遠近之人心服口服。

清同治末年，濟南近郊的一位農夫進城賣雞，前後擔了兩個雞籠，走到張記老字號燒雞店時，被一伙計叫住，說要買他的雞。

農夫擔著雞籠，走近燒雞店的儲雞處停了下來。

那伙計邊摸雞的肥瘦，邊講價錢。他欺負農夫是一位鄉下人，故意把價錢壓得很低。

農夫一聽，便不想做這筆生意，擔起雞籠就走。

走沒多遠，又快步擔雞回來，喊伙計出來，說他的雞少了一隻。

伙計訕笑著踱出來，說：「您老也不張開眼看看，這是濟南府百年老字號，會要您一隻雞？」

眾人見爭吵，圍了過來，聽伙計說完，七嘴八舌地說：「就是嘛！老字號哪可能做這種事，一定是這鄉下人窮急了，陷害起人來了。」

農夫一聽，滿面著急說：「雞如果是我家的，多一隻少一隻沒什麼，但我是替別人來賣的，若少了一隻，回去如何交代呀？」

伙計把雙手交叉環抱在胸前訕笑農夫，正在這時，聽見有人喊：「丁巡撫來了！」

丁寶楨這天路過此地，見有大群人圍著吵嚷，便令停轎，把爭吵的兩人叫來詢問。

農夫和伙計各執一辭，講述一遍。

丁寶楨問農夫：「你的雞你有數嗎？」

農夫說：「有數，裝籠子時是三十六隻，現在只有三十五隻，我進城後這是第一樁買賣。」丁寶楨又問伙計：「你店中養的雞有數嗎？」

伙計說：「有數。前天進了一百二十隻，昨天殺了四十隻，今天殺了四十九隻，還剩三十一隻。」

丁寶楨讓手下分別去數，雞數果然都對。

丁寶楨笑了一笑，說：「看來這案子得問雞自己了。」

於是傳令帶上農夫、伙計和他們各自的雞，到巡撫衙門去。眾人聽說巡撫大人要審雞，都覺得十分新奇，爭相前往觀看。

丁寶楨升堂坐下，問伙計：「你們店裡的雞餵什麼？」

伙計說：「餵高粱。」

丁寶楨又問農夫：「你的雞餵什麼？」

農夫說：「我們莊戶人家的雞從不餵，讓牠們自己去山坡上吃菜。」

問明之後，丁寶楨傳來宰雞匠，把雙方的雞全殺了，扒開腸胃看看裡面殘留的食物。只見農夫的雞腸中都是草、菜，而店中的雞腸中大都是高粱，只有一隻是草和菜。

丁寶楨一看，一拍驚堂木，喝問店伙計還有什麼話說。那夥計只好供認偷了農夫一隻雞，原想混水摸魚不會有事，哪知農夫頗精明，出店不遠停下數雞，發現少了一隻。丁寶楨命令手下打伙計三十大板，罰他賠農夫全部雞錢，並逐出濟南府，永不准其進濟南賣燒雞。

世人多愛爭吵，為的就是各執一理，甚至有理說不清；事實上，凡事都有因果和來龍去脈，在面對問題時，不妨學學丁寶楨從邏輯上去求證，很多事就不用吵來吵去了。

38 上德不德

【引語】

真正的有德不是裝出來的，真正有德的人是一種心境，一種名利難動的心境；是一種清靜無為；是一種氣質，一種明道後自然流露出來的氣質。有德者，從來不追求形式上的「德」，一切順其自然；反之無德者，從來都不放棄追求形式上的「德」，喜歡人為地加以施為。

【原文】

上德不德，是以有德；下德不失德，是以無德。上德無爲而無以爲，下德無爲而有以爲。上仁爲之而無以爲；上義爲之而有以爲。上禮爲之而莫之應，則攘臂而扔之。故失道而後德，失德而後仁，失仁而後義，失義而後禮。夫禮者忠信之薄，而亂之首。前識者，道之華，而愚之始。是以大丈夫處其厚，不居其薄，處其實，不居其華。故去彼取此。

【注解】

上德：上等的品德。不德：不得，即不求獲得。有德：有得，即有所獲得。下德：下等的品德。不失德：不失去得的機會。無德：即無所獲得。無以為：無所作為。有以為：有所作為。上仁：上等的仁愛、仁慈。上義：上等的義氣。上禮：上等的禮儀。攘臂：振臂、揮臂。仍與扔義同，牽引。失道：失去了正確的道路。薄：輕薄、澆薄。首：開端。前識者：先知，指對未來進行預測的人。華通譁，譁眾取寵。道之華：在大道上譁眾取寵。愚之始：愚昧的開始。處其厚：立身於基礎厚重處。不居其薄：不立身於輕薄處。處其實：立身於樸實處。不居其華：不立身於虛榮繁華處。

【譯文】

具有上乘品德的人，從來不追求形式上的「德」，這才是真正具備了「德」；而下乘品德的人，從來不放棄在形式上追求「德」，實際上是沒有真正具備「德」。真正具備「德」的人，一切順其自然無所作為，而且也是無心作為。形式上具備「德」的人，喜歡人為的加以施為，而且也是有心作為；講仁愛的人要做一件事，是沒有私心意圖的，所以容易做好；講義行的人要做一件事，常有私心目的，所以可以做好的事是有限的；講禮儀的人去做一件事，是勉強施為，如果沒人回應，便會揚起手臂使人屈服，這樣的人最終什麼也做不好。所以，喪失「道」的人才去講「德」，喪失「德」的人才去講「仁」，喪失「仁」的人才去講「義」，喪失「義」的人才去講「禮」。而所謂的禮儀，是人心不夠忠厚，是社會動亂的禍首；自以為有先見之明，那不過是道的虛華，是愚昧的開始。所以，大丈夫，選擇淳厚而不選擇輕薄，選擇樸實而不選擇虛華。因此，便捨棄後者而選擇前者。

【故事】

魏晉許多文人厭惡那種一本正經的正人君子，要求拋棄一切壓抑人性的禮節，讓每一個人能真實地表現自我，高興時就放聲大笑，痛苦時就嚎啕大哭，為了反抗禮法嘲弄傳統，他們的行為真夠驚世駭俗的了。

經常與阮籍一塊兒縱酒的劉伶，每每喝得酩酊大醉。有一天家中酒喝光了，他想酒簡直想瘋了，纏著他妻子不放，要她去酒店為他沽酒，妻子把酒瓶摔在地下說：「你喝得太多了，你這不是自己糟踏自己嗎？從今天起非戒酒不可。」

劉伶說：「太好了，我自己沒有毅力戒酒，只有求神保佑我能戒掉。現在快去辦酒肉來。」

妻子聽了非常高興，連忙去買酒買肉供在神前請劉伶發誓，劉伶跪下來發誓說：「天生劉伶，以酒為命，一飲一斗，五斗清醒，婦人之言，千萬別聽！」說完把供在神前的酒肉喝光吃盡。他飲酒時還脫光自己的衣服，赤裸裸地在廳堂裡自酌自飲。

人們見後譏笑他，他回答說：「我以天地為房屋，以房屋為衣褲，你們幹嘛跑到我褲子中呢？」

魏晉人就是用這種狂放的行為，使自己能在世人面前袒露自己的真實面目，他們用赤裸的身體來嘲諷文人雅士虛假蒼白的面孔。

39 以賤爲本，以下爲基

【引語】

本章前半段講道的作用，說明道是構成一切天地萬物所不可或缺的要素。後半段由此推及到人間，告誡統治者從「道」的原則出發，並要能「處下」、「居後」、「謙卑」，即是說為政者要能處下、居後、謙卑。

【原文】

昔之得一者，天得一以清，地得一以寧，神得一以靈，谷得一以盈，萬物得一以生，侯王得一以爲天下貞。其致之。天無以清將恐裂，地無以寧將恐發，神無以靈將恐歇，谷無以盈將恐竭，萬物無以生將恐滅，侯王無以貴高將恐蹶。

故貴以賤爲本，高以下爲基。是以侯王自謂孤、寡、不穀，此非以賤爲本邪？非歟？故至譽無譽。不欲琭琭如玉，珞珞如石。

【注解】

昔：過去、從前。一：數字，引申為統一、同一，泛指事物的同一屬性，此處指符合客觀規律的道路或途徑。得一：獲得了正確道路或途徑。清：清澈。寧：安寧。盈：豐盈。生：生長。貞：正確、正直，此指國家準則。致：到達。致之，所到之處。裂：破裂。靈：靈驗。歇：歇息、停止。盈：盈滿。竭：枯竭。滅：覆滅、毀滅。蹶：倒蹶、翻倒。本：根本。基，基礎。孤：孤獨。寡：稀少、缺少。穀：穀物，古代以穀物為俸祿。不穀：指不能享有俸祿。琭琭：繁忙的樣子，萊玉因其價值而被頻繁使用。珞珞：清冷的樣子，石頭因其低賤而落落寡合。

【譯文】

自古以來，那些保持了自身與「道」相一致的有以下幾種情形：天得道則清靜明朗，地得道則寧靜安詳，神得道則靈驗時顯，川谷得道則盈滿，萬物得道則發展生長，侯王得道則天下太平。如果不能這樣：天不清靜，恐怕就要崩裂；地不安寧，恐怕就會塌陷；神不靈驗，恐怕就會消失；川谷不盈滿，恐怕就會乾涸；萬物不生長，恐怕就會滅絕；侯王一味尊貴，高高在上，恐怕就會垮台。所以貴者要以賤者為根本，高者要以下者為基石。因此，君王自稱孤、寡、不穀，這不正是以賤者為根本嗎？不是嗎？所以，追求榮譽反而會沒有榮譽。因此，不要追求像美玉那樣的尊貴華麗，而要像石頭那樣堅潤無光，不在人前張揚。

【故事】

有一則寓言講的是從前有一位賢明而受人愛戴的國王，把國家治理得井井有條。國王年紀逐漸大了，但膝下並無子女。最後他決定，在自己家境內挑選一個孩子收為義子，並培養成未來的國王。

國王選子的標準很獨特，他發給孩子們每人一些花的種子，宣布如果誰能夠用這些種子培育出最美麗的花朵，那麼誰就可以成為他的義子。

孩子們領回種子後，開始細心的培育，從早到晚，澆水、施肥、鬆土，誰都希望自己能夠成為幸運者。

有個叫雄日的男孩，也整天細心的培育花種。但是，十天過去了，半個月過去了，花盆裡的種子連芽都沒冒出來，更別說開花了。

國王決定觀花的日子到了。無數個穿著漂亮的孩子湧上街頭，他們各自捧著開滿鮮花的花盆，用期盼的目光看著緩緩巡視的國王。國王環視著爭奇鬥艷的花朵與漂亮的孩子們，但並沒有像大家想像中的那樣高興。

忽然，國王看見了端著空花盆的雄日。他無精打采地站在那裡，國王把他叫到跟前，問他：「你為什麼端著空花盆呢？」

雄日抽咽著，他把自己如何細心栽種，但花種怎麼也不發芽的經過說了一遍。

沒想到國王的臉上卻露出了最開心的笑容，他把雄日抱了起來。高聲說：「孩子，我找的就是你！」

「為什麼是這樣？」大家不解地問國王。

國王說：「我發下的花種全部是煮過的，根本就不可能發芽開花。」

捧著鮮花的孩子們都低下了頭，他們全部都另外播下了別的種子。

世界上假的東西很多，它們在一時間也確實蒙蔽了不少人，但假的終究是假的，經不起真實的考驗。我們要達到成功的目的，靠欺騙方式可能會一時奏效，但遠不如誠實更有用。

40 無生於有，有生於無

【引語】

在本章裡，老子用極其簡練的文字，講述了「道」的運動變化法則，以及「道」產生天下萬物的作用。

【原文】

反者道之動；弱者道之用。天下萬物生於有，有生於無。

【注解】

反：往返，反覆。弱：柔弱，柔韌。

【譯文】

道的運動是循環的，道的作用是柔弱的。天下萬物生於有，有生於無。

【故事】

理查·艾倫是美國的一位老資格政客。他曾在尼克森的國家安全委員會任過職，後來因與季辛吉爭吵而辭職。雷根當選總統後，他又擔任國家安全事務助理。

黑格是雷根政府的國務卿，一向傲氣十足，在政界樹敵不少。艾倫和黑格的政見不同，加上黑格是艾倫的死對頭、季辛吉的密友，因此，艾倫一直想整垮黑格。

於是，艾倫利用工作之便，經常向報界散布一些有關黑格的謠言。當然，他不允許記者透露他的姓名，而是讓記者寫明這是「白宮權威人士」的消息。所以，有一陣「黑格地位不穩」、「黑格可能辭職」的流言在社會上流傳甚廣。尤其令黑格氣憤的是，一九八一年十一月三日的《華盛頓郵報》發表了一篇文章，文中說雷根總統有一個對下屬官員不滿的名單，其中的頭一名就是黑格。這篇文章還稱「國務卿黑格的一隻腳已踏在香蕉皮上，隨時可能從內閣裡滑出去。」

艾倫採取無中生有、暗箭傷人的辦法，透過新聞界散布了大量的流言蜚語，使黑格的處境越來越艱難，再加上其他打擊接踵而至，黑格不久便向雷根總統遞交了辭呈。

41 夫唯道，善貸且成

【引語】

在這章，老子講了上士、中士、下士各自「聞道」的態度：上士聽了道，努力去實行；中士聽了道，漠不動心、將信將疑；下士聽了以後，哈哈大笑。說明「下士」只見現象不見本質，還要抓住一些表面現象來嘲笑道，但道是不怕淺薄之人嘲笑的。

【原文】

上士聞道，勤而行之；中士聞道，若存若亡；下士聞道，大笑之。不笑不足以為道。故建言有之：明道若昧，進道若退，夷道若纇；上德若谷，大白若辱，廣德若不足，建德若偷，質德若渝，大方無隅，大器晚成，大音希聲，大象無形，道隱無名。夫唯道，善貸且成。

【注解】

上士：西周的士大夫分為上士、中士和下士三個等級，此處指擁有上等智慧的人。勤：勤奮。若存若亡：若有若無。大笑：此處指嘲笑。建言：可能是一部古代典籍。明道：光明的大道。昧：暗昧。進道：前進的道路。夷道：平坦的道路。纇：崎嶇。大白：潔白。辱：侮辱。廣德：廣大的德性。不足：不完足。建德：有所建樹的德性。偷：鬼祟：不正大。質：本質。渝：改變。大方：巨大的方正。隅：稜角。大器：巨大的器物。大音：巨大的音響。希聲：稀少的音響。大象：巨大的圖像、景象或物象；無形：沒有形象。隱：隱藏。名：名聲。無名：沒沒無聞。貸：施捨、給予。善貸：善於施捨、給予。

【譯文】

最聰明的人聽別人講「道」之後，便能心領神會，辛勤、努力地去實行；一般的人聽別人講「道」之後，便會半信半疑、猶豫不定；最愚笨的人聽別人講「道」之後，便會愚昧無知地哈哈大笑。如果人們所講的「道」，不被愚笨之人嘲笑，那這「道」就不是真正意義上的「道」了。所以古人說：光明之道好似暗昧，進取之道好似落後，平坦之道好似崎嶇，大德崇高好似低谷，質樸純真好似混濁，大德廣大好似不足，大德剛健好似怠惰，最白的東西好似黑垢，最方正的東西好似無角，最大的器物不成形，最大的樂章聽不清，最大的天象看不見，「道」盛大而無名。也只有它，善於幫助萬物並成全萬物。

【故事】

東漢光武帝劉秀大敗自立為帝的王郎，在清點繳獲來的文件時，官員們發現了一大堆信件，都是朝中私通王郎的官員與王郎的通信。信件內容大都是吹捧王郎、攻擊劉秀的，有好幾千封。有人很氣憤，建議把這些人統統抓起來處死。曾給王郎寫過信的人聽到這個消息後，都提心吊膽，十分害怕。

劉秀知道這件事後，立即召集百官，當眾把這些信件扔到火盆中燒掉了。劉秀對大家說：「過去有人寫信私通王郎，做了錯事。但事情已過，我就既往不咎。希望過去做錯事的人安下心來，盡職盡責。」

劉秀的處理方法，使那些曾私通王郎的人知道後都鬆了一口氣，同時也打從心裡感激劉秀，心甘情願地為他效勞。

一個人要想創造一番事業，就應該像劉秀那樣，有恢宏的氣度，能容天下的人，才能為天下人所容。所以，我們立身處世的基本態度，必須要有清濁並容的雅量。

42 損之而益，益之而損

【引語】

這一章的前半部分講的是老子的宇宙生成論。這裡老子說到「一」、「二」、「三」，乃是指「道」創生萬物的過程。宇宙萬物的總根源是「混而為一」的「道」，對於千姿百態的萬物而言，「道」是獨一無二的。另一段話是告誡統治者要以賤為本、以下為基的。

【原文】

道生一，一生二，二生三，三生萬物。萬物負陰而抱陽，沖氣以爲和。人之所惡，唯孤、寡、不穀，而王公以爲稱。故物或損之而益，或益之而損。人之所教，我亦教之，強梁者不得其死，吾將以爲教父。

【注解】

損：減損。益：增添。教：教育、教導。強梁者：強暴者，橫行霸道的人。教父：教育的第一步。

【譯文】

道是一個無極（道產生時，各種元素處於混沌狀態，這種狀態就叫無極），一個無極生兩儀（兩儀就是太極陰陽，分出陰、陽），兩儀生天地人三才，由三才而產生萬物。

萬物背陰而向陽，陰陽兩氣互相激盪而成新的和諧體。人所厭惡的就是「孤」、「寡」、「不穀」，但是王公卻用來稱呼自己。所以一切事物，減損它有時反而得到增加，增加它有時反而受到減損。別人教導我的，我也用來教導人，強暴的人不得好死，我把它當作施教的張本。

【故事】

有一位所得稅顧問巴森士與一位政府稽查員，因為一項九千元的帳單發生的問題爭辯了一個小時之久。巴森士先生聲稱這筆九千元的款項確實是一筆呆帳，永遠收不回來，當然不應該納稅。「呆帳，胡說！」稽查員反對說，「那也必須納稅。」

巴森士先生在講述他的故事時，說他對這位稽查員的印象是冷淡、傲慢而且固執。理由對他來說是毫無用處的，事實也沒有用。最後巴森士先生考慮良久之後，認為辯論的越久越激烈可能會使這位稽查員更頑固，他決定避免爭論，改變主題，給他讚賞。

於是，他對這個稽查員說：「我想這件事情與你必須做出的決定相比，應該算是一件很小的事情。我也曾經研究過稅收的問題，但我只是從書本中得到了知識，而你是從工作經驗中得到的，我有時很希望能從事像你這樣的工作，這種工作可以教會我很多書本上學不到的東西。」

在講這些話的時候，巴森士先生儘量顯得真心誠意。聽完巴森士先生的話，那個稽查員從椅子上挺起身來，向後一倚，講了很多關於他工作內容的話，以及他所發現的巧妙舞弊的方法。他的聲調漸漸地變為友善，片刻之後他又講起他的孩子來。當他走的時候，他告訴巴森士他要再考慮那個問題，在幾天之內，給他答覆。三天之後，他到巴森士先生的辦公室裡告訴他，他已經決定按照所填報的稅目辦理。

一個爭強好勝的人面臨著兩種選擇：一是得到暫時口頭上的表演式的勝利；一是贏得別人長久的好感。極少的情況下可以兩者兼得。因為即使你在爭論中獲勝了，也只是表面的勝利，而且會損傷對方的自尊，影響對方的情緒，使對方增加對你的厭惡感。若是你在爭辯中輸了的話，當然你自已也不會感到光彩。釋迦牟尼說：「恨不止恨，愛能止恨。」爭強好勝的心情永遠不能夠使無謂的爭論停止，也不能夠真正地解決問題。一個問題如果被逞強的慾望之火包圍的話，辯論之後與辯論之前的後果不會有任何差異。

充滿智慧的老富蘭克林常說：「如果你辯論、爭強或者反對，你有的時候可能獲得勝利；但是這種勝利是空洞的，因為你再也得不到對方的好感了。」

朋友，同事之間應以和為貴，應虛心接受彼此真誠的批評，那種徒勞而傷彼此感情的爭辯是沒有任何意義的。除非是重大事情上堅持己見，一般而言，不要與人做這種無謂的口舌之爭。

43 無爲之益

【引語】

本章講了柔弱可以戰勝剛強的原理，又講了「不言」的教誨、「無為」的益處。他指出，最柔弱的東西裡面，蓄積著人們看不見的巨大力量，使最堅強的東西無法抵擋。「柔弱」發揮出來的作用，在於「無為」。水是最柔的東西，但它卻能夠穿山透地，所以老子以水來比喻柔能勝剛的道理。

【原文】

天下之至柔，馳騁天下之至堅，無有入無間。吾是以知無爲之有益。不言之教，無爲之益，天下希及之。

【注解】

至柔：最為柔軟。至堅：最為堅硬。無有：觸摸不到的東西。無間：沒有空隙。

【譯文】

只有天下最柔的東西，才能穿透天下最堅硬的東西，空虛無形之物，可以進入沒有間隙的東西之中。我因此而知道了無為的益處。不用言語而能收到教導的目的，實施無為而能有所得益，普天之下很少有人可以做到。

【故事】

從前，有父子二人，性格都非常剛直，生活中從來不對人低頭，也不讓人，且不後退半步。一日，家中來了客人，父親命兒子去市集買肉。兒子拿著錢在屠夫處買了幾斤上好的肉，用繩子串著轉身回家，來到城門時，迎面碰上一個人，雙方都寸步不退後，也堅絕不避開，於是，面對面地挺立在那裡，相持了很久很久。

日已正中，家中還在等肉下鍋待客飲酒，做父親的不由得十分焦急起來，便出門去找買肉未歸的兒子。剛到城門處，看見兒子還僵立在那裡，半點也沒有讓人的意思。父親心中大喜：這真是我的好兒子，性格剛直如此；又大怒：彼何人也，竟敢如此放肆。他竄步上前，大聲說道：「好兒子，你先將肉送回去，陪客人吃飯，讓為父的站在這裡與他對抗！」

話音剛落，父親與兒子交換了一個位置，兒子回家去烹肉煮酒待客，父親則站在那個人的對面，如怒目金剛般挺立不動，惹得眾多的圍觀者大笑不止。

其實老子也並非是完全排斥剛，完全排斥似乎也不通情理，老子是叫我們做人不能太剛直了，人太剛直就會走向反面，這種人往往固執己見，不知退讓，不會變通，沒有半點柔弱的氣象。

44 知足知止，可以長久

【引語】

這一章是以名與貨和人的自身價值做對比，也是要人自重、自愛。老子宣傳的是這樣一種人生觀，人要貴生重己，對待名利要適可而止，知足知樂，這樣才可以避免遇到危難；反之，為名利奮不顧身，爭名逐利，則必然會落得身敗名裂的可悲下場。

【原文】

名與身孰親？身與貨孰多？得與亡孰病？是故甚愛必大費，多藏必厚亡。知足不辱，知止不殆，可以長久。

【注解】

貨：財貨。多：作重的意思。得：獲得。亡：喪失。甚愛必大費：過於愛名就必定要付出很大的耗費。多藏必厚亡：豐厚的藏貨就必定會招致慘重的損失。

【譯文】

聲名和生命比起來哪一樣親切？生命和財物比起來哪一樣貴重？得到名利和喪失生命哪一樣為害？過分的愛名就必定要付出重大的耗費；過多的藏貨就必定會招致慘重的損失。所以知道滿足就不會受到屈辱，知道適可而止就不會帶來危險，這樣才可以保持長久。

【故事】

一個人在路旁擺了一個盛滿甜酒的酒樽，並放了些酒杯。一夥猩猩見了便曉得人類的用意。

可是熬了不一會兒，一隻猩猩說：「這麼香甜的酒，何不少嘗一點！」於是各自戰戰兢兢地喝了一小杯。喝罷，相互囑託說：「可千萬不要再喝了！」誰知，一陣酒香隨風撲來，牠們個個垂涎三尺，又都喝了一杯。最後「不勝其唇吻之甜」，忘乎所以，竟相端起大酒樽狂飲起來，結果一個個酩酊大醉，一併為人所擒。

猩猩之所以醉酒被擒，就在於牠們的智慧還沒有到了能夠戰勝自己慾望的程度。

其實，人也一樣。如果不能克制自己的貪欲，也必然會遭到失敗。看看歷史上的那些因嗜好不當而鑄成大錯、釀成大禍的官員有多少？且不說那些因沾上不良嗜好如貪財好色嗜酒而壞事丟官掉腦袋的，就算是一種不壞的嗜好，如果不小心，也會出事。貪欲一旦不加以控制，必然會吞噬人的心靈。

45 大直若屈，大巧若拙

【引語】

本章講的是「人格」。其中「大成」、「大盈」的人格形態；「若缺」、「若沖」、「若屈」、「若拙」、「若訥」的外在表現，都是說明一個完美的人格，不在外形上表露，而為內在生命的含藏內收。

【原文】

大成若缺，其用不弊；大盈若沖，其用不窮。大直若屈，大巧若拙，大辯若訥。靜勝躁，寒勝熱，清靜爲天下正。

【注解】

大成：最完滿的東西。弊：殘破，不完整。窮：極盡、空蕩。天下正：天下太平。

【譯文】

最完滿的東西好像有欠缺一樣，但是它的作用是不會衰竭的；最充盈的東西好像是空虛一樣，但是它的作用是不會窮盡的。最正直的東西好像是彎曲一樣，最靈巧的東西好像是笨拙一樣，最卓越的辯才好像是口訥一樣。清靜克服躁動，寒冷克服炎熱，清靜無為可以使天下太平。

【故事】

美國的MD公司經理湯姆跟德國的一家公司談一筆買賣。德國公司從其他管道知道MD公司正處在即將倒閉的困境中，就想用最低的價格買下MD公司全部的庫存產品。當時，MD公司進退兩難：如果以最低價格把產品賣給德國公司，MD公司勢必大傷元氣，從此一蹶不振；如果不賣給對方，MD公司的資金就無法正常周轉。

當時湯姆內心矛盾重重，但他城府很深，從來不在別人面前坦露自己內心深處的思想。當德方提出降價要求時，湯姆卻問身邊的人飛往日本的機票是否已經訂好，如果準備好了，就屆時飛赴日本與另一家公司談一樁更大的生意。他看起來似乎對德國公司這筆生意沒有多大興趣，表現出一種成不成無所謂的超然態度。

德國公司的談判代表對湯姆的冷漠感到莫名其妙，匆匆打電話給總部請示公司總裁。

這時候，德國方面正急需這些產品，總裁最後痛下決心以原價買下了全部產品。

MD公司絕處逢生，人們由衷地佩服湯姆高超的談判藝術及膽大心細的作風。

一般來講，每個人遇到難題時都會在內心深處產生糾結衝突，高明者深藏不露，甚至製造假象迷惑對手，以靜致勝。

46

知足之足，常足矣

【引語】

這一章主要反映了老子的反戰思想。老子在本章重述了禍咎罪惡由來於不知足與欲得之哲理，告誡人們知足才會獲得太平無事、安居樂業。

【原文】

天下有道，卻走馬以糞；天下無道，戎馬生於郊。禍莫大於不知足；咎莫大於欲得。故知足之足，常足矣。

【注解】

有道：一個崇尚物質文明的社會。有：物質的、物化的。無道：一個講求道德文明的世界。無：精神的、道德的。常足：經常得到滿足。

【譯文】

君王遵循「道」來治理天下，便讓戰馬去耕種糞田；君王不遵循「道」來治理天下，戰馬只能在戰場上生子。最大的禍害莫過於不知足，最大的災難莫過於貪得無厭。所以只有知道滿足而滿足，才會永遠地富足。

【故事】

從前，有一位菩薩住在羅陀國。該國的商人每次出海採寶物時，都會把這位菩薩請到船上，希望借助他的力量，化險為夷，平安抵達目的地。後來，菩薩逐漸年老力衰，不願陪他們出海。可是禁不住商人苦苦懇求，他就同意了。

船隻朝寶物的所在地前進，這時天空刮起北風，船隻偏離了航向，一直向南方漂流。到了第七天，海水竟然變成金色，就像鋪了一層黃金一樣。

商人們問菩薩：「綠色的海怎麼會變成金色呢？」

「我們進入了黃金之海，這裡充滿了不可勝數的黃金，彼此照耀閃爍，才會呈現出這種情形。我們偏離了航向，非常危險，一定要不惜一切代價，回到北方。」不料，船隻順風而行，繼續漂向南方。幾天後，海水又呈現出白色，好像冰雪世界。

菩薩又對商人說：「現在，我們到了珍珠之海。這裡全是珍珠，由於珠色交相輝應，才呈現出這種光芒。但我們離目標越來越遠，必須想盡一切辦法，回到北方。」然而，船隻還是順風而去，繼續漂向南方。

幾天後，海水三度變化，呈現出青色，無異鋪上了青琉璃。菩薩對商人們說：「現在我們來到青色的琉璃海。海裡有無數的青色琉璃，由於琉璃顏色相映，才呈現出這種光彩。」

幾天後，海水四度變化，又變成紅色，好像血海一般。菩薩對商人們說：「現在，我們進入紅色的琉璃海，海裡充滿無數的紅色琉璃，由於琉璃顏色相映，才呈現這種光景。」

幾天後，海水五度變化，好像流出一片墨汁，到處是漆黑的顏色。接著，遠處傳來巨大的爆炸聲，聲音淒厲，好像猛火點燃了乾燥的竹林。而且，當船向南方漂流時，忽然有一根巨大的火柱，從海底掀騰而起，噴薄而出，直向天空。商人們第一次看到如此可怕的情形，他們突然意識到自己性命難保。

他們哀聲嘆氣，不知所措，最後不得不向菩薩求援。這時，菩薩說道：「連世間的大丈夫，都會貪生怕死。悲傷絕望只會令人失去理智，大家還是想辦法去運用逃離苦海的方便吧！只要得到了這個方便，就能安全到達彼岸。大家不要沮喪，因為這個方便，我已經給你們了，請大家好好念佛吧！」

眾人立刻焚香禮拜諸佛，祈求風平浪靜。片刻之後，惡風終於停止，大家才脫離險難，到達藏寶之地，如願以償地得到許多金銀財寶。

這時，菩薩向商人們說：「這些金銀財寶，世間難逢。因為諸位前世有過布施，今世才能得到這樣珍貴的財貨。但是，你們前世廣行布施的時候，有過吝嗇之心，以致現在遇到惡風，身心倍受驚慌苦惱。諸位對這批金銀財寶，必須知足。如果貪婪無厭，必然會再次遇到災難。在諸位尋找財寶的過程中，價值最高的莫過於生命，這才是真正的無價之寶啊！」

寡欲知足，取得自己應得之份，才能平平安安地過幸福安寧的生活。

而老子也告訴了我們，貪心和不知足只會給我們帶來不幸和災難，不會給我們帶來一絲一毫的好處。只有知道滿足，才不會貪心；只有知道滿足才會得到永遠的滿足和幸福！這就是知足者常樂的真諦。讓我們記住這樣一句話：世界可以滿足我們的需求，但無法滿足我們的貪欲！

47 不爲而成

【引語】

這一章主要談的是哲學上的認知論。這裡的基本觀點是：在認知上純憑感覺經驗是靠不住的。因為這樣做無法深入事物的內部，不能全面的認識事物，而且還會擾亂人的心靈。那麼，要認識事物就只有靠內在的自省，下功夫自我修養，才能領悟「天道」，知曉天下萬物的變化發展規律。

【原文】

不出戶，知天下；不窺牖，見天道。其出彌遠，其知彌少。是以聖人不行而知，不見而名，無爲而成。

【注解】

戶：門戶。天下：指天下萬物。牖：窗戶。天道：指天氣時辰有節律地變化。道：運行軌跡。彌：益也，愈也。

【譯文】

足不出門戶，已知萬物況相生長；眼不望窗外，已曉氣候發生變化。越向外奔逐，對道的認識也越少。所以聖人不必體驗，就能察覺事物已經發展，不必觀看，就已洞悉事態正起變化，無須操縱，不橫加干涉，事業自然水到渠成。

【故事】

有位老禪師身邊聚集了一幫弟子。有一天，禪師囑咐弟子每人去南山打一擔柴回來。

弟子們匆匆行至離山不遠的河邊，人人目瞪口呆。只見洪水從山上奔瀉而下，無論如何也無法渡河去打柴！弟子們只好無功而返，各個都有些垂頭喪氣。可是，唯獨有一個小和尚與師父坦然相對。

師父問他：「你為什麼不感到遺憾呢？」

小和尚從懷中掏出一個蘋果，遞給師父說：「過不了河，打不了柴，見河邊有棵蘋果樹，我就順手把樹上唯一的一個蘋果摘來了。」

老禪師責問他：「出家之人怎麼能亂摘無本之果呢？」

小和尚機智的回答：「師命有所不從，都是因為塵緣不清造化弄人，我獲得無本之果，使之皈依禪門淨地，不被俗世所玷污。雖然是無本之果，但這是得天意而順其自然啊！」

老禪師聽了之後，感到十分高興。後來，那位摘蘋果的小和尚成了師父的衣缽傳人。

是啊！得天意，順自然，塵世之中有多少造化弄人，我們在很多時候應該學會順其自然啊！

48 爲學日益，爲道日損

【引語】

本章講「為學」和「為道」的問題。這一章所講的「為學」是反映「政教禮樂之學」，老子認為它足以產生機智巧變。只有「清靜無為」，沒有私欲妄見的人才可以治理國家。因而，老子希望人們走「為道」的路。

【原文】

爲學日益，爲道日損。損之又損，以致於無爲。無爲而無不爲。取天下常以無事，及其有事，不足以取天下。

【注解】

為學：追求知識。益：增加。為道：追求道理。損：減少。

【譯文】

追求學問天天增益，修行大道日益減損。減損而又減損，最後達到無為的境地。能夠做到無為，就會有所作為。治理天下必須無所事事，如果經常有所事事，就不能夠治理天下了。

【故事】

一個乞丐在大街上垂頭喪氣的往前走著。他衣著襤褸，面黃肌瘦，看起來很久沒有吃過一頓飽飯了。他不停的抱怨：為什麼上帝就不照顧我呢？為什麼唯獨我就這麼窮呢？

上帝聽到了他的抱怨，出現在他的面前，憐惜地問乞丐：「那你告訴我吧，你最想得到什麼？」

乞丐看到上帝真的現身了，喜出望外，張口就說：「我要金子！」

上帝說：「好吧，脫下你的外衣來接吧！不過要注意，只有被衣服包住的才是金子，如果掉在地上，就會變為垃圾，所以不能裝得太多。」

乞丐聽後連連點頭，迫不急待地脫下了衣服。

上帝輕輕一揮手，金子從天而降。乞丐忙不迭地用他的破衣服去接金子。上帝告誡乞丐說：「金子太多會撐破你的衣服的。」

乞丐不聽勸告，仍興奮地大喊：「沒關係，再來點，再來點！」正喊著，只聽「嘩啦」一聲，他那破舊的衣服裂開了一條縫，金子滾落在地。金子在落地的那一瞬間全變成了破磚頭、碎瓦片和小石塊。

上帝嘆了口氣消失了。乞丐又變得一無所有，只好披上那件比先前更破、更爛的衣服，繼續著他的乞討生涯。

所謂無欲則剛，在生活中有些人就像那個貪婪的乞丐，抵不住「貪」字，靈智為之蒙蔽，剛正之氣由此消除。

當今許多人經不住貪私之誘，以身試法，大半生清白可鑑，卻晚節不保，而貪得無厭的結果是一無所有。貪念慾望早晚會把人帶入「賠了夫人又折兵」的境地，就像那個毫不知足的乞丐。

49

聖無常心，德善德信

【引語】

老子在本章論述了應以「誠」、「善」待人的道德倫理與治世思想。

【原文】

聖人無常心，以百姓之心爲心。善者吾善之，不善者吾亦善之，德善。信者吾信之，不信者吾亦信之，德信。聖人在天下歙歙焉；爲天下，渾其心。百姓皆注其耳目，聖人皆孩之。

【注解】

常心：恆心。德善：德是得，德善即得到了善。德信：即得到了信譽。歙歙：是收歛的意思。渾：渾沌，渾同。注：專注，用心。孩：兒童。皆孩之：當作自己的孩子對待。

【譯文】

聖人沒有私心，以百姓之心為心。善良的人聖人善待於他，不善良的人聖人也善待於他，結果可以得到共同善良的效果；誠信的人聖人誠信於他，不誠信的人聖人也誠信於他，結果可以得到共同誠信的效果。聖人治理天下，不懷私心偏見，使人民之心歸於渾樸。人民都傾注其聽力以傾聽他的教誨，都傾注其視力以模仿他的品行，而聖人把教育培養人民視為自己的天職和使命，就像父母對待自己的孩子一樣。

【故事】

在《羊皮卷》裡有這麼一段文字：我要用全部的愛來迎接今天。

因為，這是一切成功的最大祕密。強力能夠劈開一塊盾牌，甚至毀滅生命，但是只有愛才具有無與倫比的力量，使人們敞開心扉。在掌握了愛的藝術之前，我只算商場上的無名小卒。我要讓愛成為我最大的武器，沒有人能抵擋它的威力。

我的理論，他們也許反對；我的言談，他們也許懷疑；我的穿著，他們也許不贊成；我的長相，他們也許不喜歡；甚至我廉價出售的商品都可能使他們將信將疑，然而我的愛心定能溫暖他們，就像太陽的光芒能溶化冰冷的凍土。

我要用全部的愛來迎接今天。

我該怎樣做呢？從今以後，我對一切都要滿懷愛心，這樣才能獲得新生。我愛太陽，它溫暖我的身體；我愛雨水，它洗淨我的靈魂；我愛光明，它為我指引道路；我也愛黑夜，它讓我看到星辰。我迎接快樂，它使我心胸開闊；我忍受悲傷，它昇華我的靈魂；我接受報酬，因為我為此付出汗水；我不怕困難，因為它們給我挑戰。

我要用全部的愛來迎接今天。

我該怎樣說呢？我讚美敵人，於是敵人成為朋友；我鼓勵朋友，於是朋友成為手足。我要常想理由讚美別人，絕不搬弄是非，道人長短。想要批評人時，咬住舌頭，想要讚美人時，高聲表達。

飛鳥，清風，海浪，自然界的萬物不都在用美妙動聽的歌聲讚美造物主嗎？我也要用同樣的歌聲讚美她的兒女。從今以後，我要記住這個祕密。它將改變我的生活。

我要用全部的愛來迎接今天。

我該怎樣行動呢？我要愛每個人的言談舉止，因為人人都有值得欽佩的性格，雖然有時不易察覺。我要用愛摧毀困住人們心靈的高牆，那充滿懷疑與仇恨的圍牆。我要鋪一座通向人們心靈的橋樑。

我愛雄心勃勃的人，他們給我靈感。我愛失敗的人，他們給我教訓。我愛王侯將相，因為他們也是凡人。我愛謙恭之人，因為他們非凡。我愛富人，因為他們孤獨。我愛窮人，因為窮人太多了。我愛少年，因為他們真誠。我愛長者，因為他們有智慧。我愛美麗的人，因為他們眼中流露著淒迷。我愛醜陋的人，因為他們有顆寧靜的心。

我要用全部的愛來迎接今天。

我該怎樣回應他人的行為呢？用愛心。愛是我打開人們心扉的鑰匙，也是我抵擋仇恨之箭與憤怒之矛的盾牌。愛使挫折變得如春雨般溫和，它是我商場上的護身符：孤獨時，給我支持；絕望時，使我振作；狂喜時，讓我平靜。這種愛心會一天天加強，越發具有保護力，直到有一天，我可以自然地面對芸芸眾生，處之泰然。

我要用全部的愛來迎接今天。

我該怎樣面對遇到的每一個人呢？只有一種辦法，我要在心裡默默地為他祝福。這無言的愛會流露在我的眼神裡，流露在我的眉宇間，讓我嘴角掛上微笑，在我的聲音裡響起共鳴。在這無聲的愛意裡，他的心扉向我敞開了。他不再拒絕我推銷的貨物。

我要用全部的愛來迎接今天。

最主要的，我要愛自己。只有這樣，我才會認真檢視我的身體，思想，精神，頭腦，靈魂，心懷的一切東西。我絕不放縱肉體的需求，我要用清潔與節制來珍惜我的身體。我絕不讓頭腦受到邪惡與絕望的引誘，我要用智慧和知識使之昇華。我絕不讓靈魂陷入自滿的狀態，我要用沈思和祈禱來滋潤它。我絕不讓心懷狹窄，我要與人分享，使它成長，溫暖整個世界。

我要用全部的愛來迎接今天。

從今以後，我要愛所有的人。仇恨將從我的血管中流走。我沒有時間去恨，只有時間去愛。現在，我邁出成為一個優秀的人的第一步。有了愛，我將成為偉大的推銷員，即使才疏智短，也能以愛心獲得成功；相反地，如果沒有愛，即使博學多識，也終將失敗。我要用全心的愛來迎接今天。

50 出生入死，順其自然

【引語】

老子在本章論述了「自然」、「無為而無不為」的養生能獲得健康長壽。

【原文】

出生入死。生之徒十有三，死之徒十有三，人之生，動之死地，亦十有三。夫何故？以其生生之厚。蓋聞善攝生者，陸行不遇兕虎，入軍不被甲兵。兕無所投其角，虎無所措其爪，兵無所容其刃，夫何故？以其無死地。

【注解】

生之徒：生命的途徑。死之徒：死亡的途徑。死地：致死的處所。生生之厚：求生的願望過於強烈。攝：攝取，養也。攝生：養生。甲兵：盔甲和兵器，此處泛指兵戈。角：野牛的角。爪：虎爪。刃：兵器的鋒刃。

【譯文】

人出世為生，入地為死。屬於長壽的，占十分之三，屬於短命的，占十分之三，人過分地奉養生命，妄為而走向死路的，也占了十分之三。為什麼呢？因為奉養太過度了。聽說善於養護生命的人，在陸地上行走不會遇到犀牛和老虎，在戰爭中不會受到殺傷。犀牛用不上牠的角，老虎用不上牠的爪，兵器用不上它的刃，為什麼呢？因為他沒有進入死亡的範圍。

【故事】

莊子是戰國時期偉大的思想家，因為他對人生有著獨特的體驗和透徹的思考，所以，他的哲學可稱為生命的哲學。

在生死問題上，有一則故事，足以證明他思想上的特點：

一是莊子的妻子死後，莊子的朋友惠子前往弔唁，卻發現莊子沒有嚎啕大哭，而是在敲打著盆子唱歌。

惠子十分詫異，並以莊子沒有為妻子之死而悲傷痛哭來責怪莊子。

莊子聞言，就解釋道：自己一開始並不是沒有悲傷，但後來想到，一個人的出生與死亡，就好像是自然界的春夏秋冬的運行一樣，週而復始，人死了，那就是靜靜地安息在天地所構成的巨室廣廈之中，而我卻在放聲痛哭，那就太不通達生命的道理了，所以我才止住了痛哭。此即是著名的莊子「鼓盆而歌」的故事。

人的生死與萬物的枯榮輪迴是一樣的，都是自然而然的事情，宇宙萬物都有其規律，當然人也不能例外，因此，要在有限的生命中，最大限度的實現自己的價值，而不是只為生而喜悅，為死而傷悲。就像著名女作家三毛生前所說：「一個人生出了，人們並不知道他的將來會是怎樣，但都會說『恭喜，恭喜！』；一個人死了，儘管人們並不知道他生前怎樣，但都要說『可惜，可惜！』」對於生死的見解，可謂精闢！

51 道之尊，德之貴

【引語】

這一章是著重講「德」的作用，老子在這章裡再一次闡發了「道」以「無為」的方式生養了萬物的思想。本章裡的「玄德」即「上德」。老子認為，「道」生長萬物，「德」養育萬物，但「道」和「德」並不干涉萬物的生長繁衍，而是順其自然。

【原文】

道生之，德畜之，物形之，勢成之。是以萬物莫不尊道而貴德。道之尊，德之貴，夫莫之命而常自然。故道生之，德畜之，長之育之，成之熟之，養之覆之。生而不有，爲而不恃，長而不宰。是謂玄德。

【注解】

玄德：德的精髓。玄：內在的，本質的。

【譯文】

「道」生育萬物，「德」育養萬物，「道」使萬物有了形態，「德」使萬物得以完善。所以萬物無不以「道」為尊，無不以「德」為至愛。「道」之所以受到尊重，「德」之所以受到愛戴，是因為它們對萬物不加以施為而順其自然。所以，「道」生育萬物，「德」育養萬物。讓其生長，讓其發育，讓其結籽，讓其成熟照顧萬物，保護萬物。生育萬物而不據為己有，造就而不自恃有功，扶植而不作主宰。這就是那深遠玄冥的德。

【故事】

墨子懷抱「救世」的情懷行義天下，認為只有義才能利民、利天下。所以，他以一個苦行僧的形象周遊列國諸侯，不僅極力宣傳他的學說主張，而且盡力制止非正義的、給天下百姓帶來無窮災禍的戰爭，達到了見義勇為的至高境界。

天下有名的巧匠公輸盤，為楚國製造了一種叫做雲梯的攻城器械，楚王將要用這種器械攻打宋國。墨子當時正在魯國，聽到這個消息後，立即動身，走了十天十夜直奔楚國的都城郢，去見公輸盤。

公輸盤對墨子說：「夫子到這裡來有何見教呢？」

墨子說：「北方有人侮辱我，我想借你之力殺掉他。」公輸盤很不高興。

墨子又說：「請允許我送你十鎰黃金作為報酬。」

公輸盤說：「我義度行事，絕不去隨意殺人。」

墨子立即起身，向公輸盤拜揖說：「請聽我說，我在北方聽說你造了雲梯，並將用雲梯攻打宋國。宋國又有什麼罪過呢？楚國的土地有餘，不足的是人口。

現在要為此犧牲掉本來就不足的人口，而去爭奪自己已經有餘的土地，這不能算是聰明。宋國沒有罪過而去攻打它，不能說是仁。你明白這些道理卻不去諫止，不能算作忠。如果你諫止楚王而楚王不從，就是你不強。你義不殺一人而準備殺宋國的眾人，確實不是個明智的人。」

公輸盤聽了墨子的一席話後，深為其折服。墨子接著問道：「既然我說的是對的，你又為什麼不停止攻打宋國呢？」

公輸盤回答說：「不行啊！我已經答應過楚國了。」

墨子說：「何不把我引見給楚王。」

公輸盤答應了。於是，公輸盤引墨子見了楚王，墨子說道：「假設現在有一個人在此，捨棄自己華麗貴重的彩車，卻想去偷竊鄰舍的那輛破車；捨棄自己的錦繡華貴的衣服，卻想去偷竊鄰居的粗布短襖；捨棄自己的膏粱肉食，卻想去偷竊鄰居家裡的糟糠之食。楚王你認為這是個什麼樣的人呢？」

楚王說：「一定是個有偷竊毛病的人。」

墨子於是繼續說道：「楚國的國土，方圓五千里，宋國的國土，不過方圓五百里，兩者相比較，就像彩車與破車相比一樣。楚國有雲楚之澤，犀牛麋鹿遍野都是，長江、漢水又盛產魚鱉，是富甲天下的地方。宋國貧瘠，連所謂野雞、野兔和小魚都沒有，這就好像粱肉與糟糠相比一樣。楚國有高大的松樹，紋理細密的梓樹，還有梗楠、樟木等等。宋國卻沒有，這就好像錦繡衣裳與粗布短襖相比一樣。由這三件事而言，大王攻打宋國，就與那個有偷竊之癖的人並無不同，我看大王攻宋不僅不能有所得，反而還要損傷大王的義。」

楚王聽後說：「你說得太好了！儘管這樣，公輸盤為我製造了雲梯，我一定要攻取宋國。」

鑑於楚王的固執，墨子轉向公輸盤。墨子解下腰帶圍作城牆，用小木塊作為守城的器械，要與公輸盤較試一番。公輸盤多次設置了攻城的巧妙變化，墨子則全部成功地加以抵禦。公輸盤的攻城器械已用完而攻不下城，墨子守城的方法卻還綽綽有餘，公輸盤只好認輸，但是卻說：「我已經知道該用什麼方法來對付你，不過我不想說出來。」

墨子也說：「我也知道你用來對付的方法是什麼，我也是不想說出來罷了。」

楚王在一旁不知道他們兩個人到底在說什麼，忙問其故，墨子說：「公輸盤的意思不過是要殺死我，殺死了我，宋國就無人能守住城，楚國就可以放心地去攻打宋國了。可是，我已經安排我的學生禽滑釐等三百人，帶著我設計的守城器械，正在宋國的城牆上等著楚國的進攻呢！所以，即便是殺了我，也不能殺絕懂防守之道的人，楚國還是無法攻破宋國。」

楚王聽後又是大聲說道：「說得太好了！」他不再固執地堅持攻宋，而是對墨子表示：「我不進攻宋國了。」

墨子成功地勸楚王放棄了進攻宋國的計劃，便起程回魯國。途經宋國時，適逢天降大雨，於是想到一個閭門內避避，看守閭門的人，卻不讓他進去。殊不知，正是墨子剛剛挽救了宋國，是宋國的恩人。

墨子堅定地反對任何戰爭，認為天下「大為不義」的就是「攻國」，而是矢志不渝的主張「非攻」。《墨子・公輸》記敘的上述故事，具體地展現了他的一貫主張。他聞知公輸盤製造了新的戰爭器械，並且將用於楚國攻宋，便日夜不停地趕了十天十夜的路來到楚國，先是義激公輸盤，再又與楚王仔細分析攻宋的各種不義之處，坦直陳言楚王攻宋與有竊癖的人同類。楚王仍不改變攻宋的主意，墨子又以不惜死的無畏精神，終於成功地阻止了楚王，使弱小的宋國避免了一場戰爭的災禍。而墨子主動為此所做的一切，宋國人竟茫然不知。墨子途經宋國時，想到裡巷的大門內避避雨，都遭到守門人的拒絕。所以《墨子・公輸》篇末感嘆道：「治於神者，眾人不知其功；爭於明者，眾人知之。」「眾人不知其功」與「眾人知之」兩相對比，更顯出墨子的偉大。

「眾人不知其功」的義行，真正展現了見義而為的內涵。為天下百姓而勇於義，本不要什麼功名，更不應去「爭於明」。

52 天下有始，爲天下母

【引語】

本章先論道為天下物、事、象之本源（母），再次說明凡事都有規律及遵守道的法則生存、處事，老子認為，天下自然萬物的生長和發展有一個總的根源，人應該從萬物中去追索這個總根源，把握原則。人們認識天下萬物但不能離開總根源，不要向外奔逐，否則將會迷失自我。

【原文】

天下有始，以爲天下母。既得其母，以知其子；既知其子，復守其母，沒身不殆。塞其兌，閉其門，終身不勤；開其兌，濟其事，終身不救。見小曰明，守柔曰強。用其光，復歸其明，無遺身殃。是謂習常。

【注解】

始：本始，指道。母：根源，指道。子：指萬物。勤：勞。開其兌，濟其事：打開嗜欲的孔竅，增添紛雜的事件。見小曰明：能察見細微的，才是「明」。強：自強不息的「強」。用其光，復歸其明：「光」是向外照耀，「明」是向內透亮。無遺身殃：不給自己帶來災殃。

【譯文】

天地萬物都有本始，作為天地萬物的根源。如果得知根源，就能認識萬物；如果認識萬物，又持守著萬物的根源，終身就都沒有危險。塞住嗜欲的孔竅，閉起嗜欲的門徑，終身就都沒有勞擾的事；打開嗜欲的孔竅，增添紛雜的事件，終身都會不可救治。能察見細微的叫做「明」，能持守柔弱的叫做「強」。運用智慧的光，返照內在的明，不給自己帶來災殃。這叫做永續不絕的常道。

【故事】

在一座山上住著一戶人家，平日辛勤地耕種，生活還算過得去，只是如果有個額外的開銷，生活就會變得很吃緊。

這天，主人有一位很久以前認識的朋友，雖然很少見面，但是交情還算不錯，千里迢迢地來訪，讓主人十分高興。

有朋自遠方來不亦悅乎，所以主人特別要妻子煮一些下酒好菜，兩人高興談論到天明。

誰知道，客人這麼一住下來，就連續住了很長一段日子，而且似乎沒有打道回府的意思。

此時，家裡的菜已經快要吃光了，偏偏正逢梅雨季節，戶外的雨從來沒有停過，無法下山去買糧，真是糟糕。

妻子：「你也想想辦法啊！」

主人：「他不走，我總不能請他自己離開吧！」

妻子：「不管你怎麼做，反正沒有米下鍋了、沒菜可吃了，你再不想辦法，我們三個人一起餓死好了！」

越說越氣憤的妻子，說完之後，就拂袖而去，留下不知該如何的主人。

隔天，吃完飯後，主人陪著客人聊天，並看看窗外的景致，談談過去的回憶。

這時候，主人忽然看到庭院的樹上一隻鳥正在躲雨，而且那隻鳥的體型非常大，是以前都沒有見過的鳥類。

於是，主人靈機一動，對著客人說：「你遠道而來，這幾天我都沒有準備什麼豐富的菜餚招待你，真是不好意思！」

客人：「別這麼說，我覺得一切都很好，不但你和嫂子款待周到，而且吃得好、睡得好，感激不盡呢！」

主人：「你看窗外樹上有一隻鳥嗎？」

客人：「看到了，怎麼啦？」

主人：「我準備拿把斧頭把樹砍了，然後抓住那隻鳥來煮，晚上我們喝酒時，才有下酒菜呀，你覺得如何？」

客人想了半天，十分疑惑地問：「當你砍樹的時候，可能鳥兒早就飛掉了吧！你怎麼抓牠呢？」

主人悻悻然地看著完全不解主人用心的客人，無力地回答：「不會的，在這個人世間，還有更多不知人情世故的呆鳥，大樹都已經倒了，都還不知道要飛呢！」

客人：「真的？有那麼笨的呆鳥嗎？那麼，這種鳥一定讓人傷透了腦筋吧？」

以上這位客人，就是一個只會看到自己的人，他不會站在對方的立場去看自己，自然不會明白對方的意思。

53 行於大道，惟施是畏

【引語】

本章中老子評論了只貪圖自己奢侈、享樂，而不顧國民安危的執政者，是違背道的法則的。

【原文】

使我介然有知，行於大道，惟施是畏。大道甚夷，而民好徑。朝甚除，田甚蕪，倉甚虛；服文綵，帶利劍，厭飲食，財貨有餘，是謂盜夸。非道也哉！

【注解】

我：指有道的治者。介然有知：微有所知，稍有知識。施：邪；斜行。夷：平坦。民：指人君。徑：邪徑。朝甚除：朝廷非常敗壞。厭：飽足。盜夸：大盜。

【譯文】

假使我稍微有些認識，在大道上行走，擔心唯恐走入了邪路。大道很平坦，但是人君卻喜歡走斜徑。朝政腐敗極了，弄得農田非常荒蕪，倉庫十分空虛；還穿著錦繡的衣服，佩帶鋒利的寶劍，飽足精美的飲食，搜刮足餘的財貨。這就叫做強盜頭子。多麼的無道呀！

【故事】

從前有這樣兩戶人家，一家是齊國人，姓國，十分富有；一家是宋國人，姓向，非常貧窮。姓向的聽說姓國的很有錢，便專程從宋國跑到齊國，向姓國的請教致富的方法。

姓國的告訴他說：「我之所以發家致富，是因為我很善於『偷』。我只用了一年的工夫就有了吃穿；兩年下來就相當富足；三年過後，我的土地成片、糧食滿倉，我成了方圓百里之內的大戶。從那時起，我便向鄉鄰施捨財物，大家都得到了我的好處。」

姓向的人聽了十分高興。可是他以為姓國的致富走的是偷盜這條路，他以為姓國的所說的「偷」就是到處翻越人家的院牆，鑿開人家的房間，凡是眼睛所看到的、手能拿到的，就可以拿走歸自己所有。於是他回家以後，到處偷竊。沒過多久，他因被人查出了贓物而判罪。姓向的人不但清退了全部贓物，而且被判罰沒收他以前累積的所有家產。

姓向的把自己的失敗歸咎於受了姓國的欺騙，於是就到齊國去，找到姓國的責備他說：「你騙我，我去偷怎麼就犯了法呢？」

姓國的聽了哈哈大笑，說：「你是怎麼去偷的呀？」

姓向的把自己翻牆打洞偷盜人家財產的經過講給姓國的聽了，姓國的又好氣又好笑的對他說：「你真是太糊塗了！你根本沒弄懂我所說的『善於偷盜』是什麼意思。現在我仔細告訴你吧！人都說天有四季變化，地有豐富的出產，我偷的就是這天時和地利呀！雨水霧露，山林特產和湖澤的養殖可以使我的莊稼長得很好，房舍建得很美。我在陸地上能『偷』到飛禽走獸，在有水的地方能『偷』到魚蝦龜鱉。無論是莊稼和土木還是禽獸和魚蝦龜鱉，這些東西都是大自然的產物，並不是我原本所有的。我依靠自己的辛勤勞動，向自然界索取財富，當然不會有罪過，也不會有災禍。可是，那些金銀寶石、珍珠寶貝、糧食布匹，卻是別人累積起來的財富，你用不勞而獲的方式去占有別人的勞動成果就是犯罪。你因偷盜罪而受到了處罰，那又能怪誰呢？」

姓向的聽了這番話，慚愧得一句話也說不出來。明智的人懂得如何用辛勤勞動、用自己的雙手去向大自然索取，創造財富；愚蠢的人才會想到用非法方式，走「捷徑」去攫取別人的勞動成果使自己致富。這種人，到頭來還是要栽跟斗的。

54 善建不拔，善抱不脫

【引語】

本章講「道」的功用，在本章裡，老子講了修身的原則、方法和作用。他說，修身的原則是立身處世的根基，只有鞏固修身之根基，才可以立身、為家、為鄉、為天下，這就是「道」。

【原文】

善建者不拔，善抱者不脫，子孫以祭祀不輟。修之於身，其德乃真；修之於家，其德乃餘；修之於鄉，其德乃長；修之於邦，其德乃豐；修之於天下，其德乃普。故以身觀身，以家觀家，以鄉觀鄉，以邦觀邦，以天下觀天下。吾何以知天下然哉？以此。

【注解】

脫：有牢固的意思。子孫以祭祀不輟：世世代代都能遵守「善建」、「善抱」的意思，後代的煙火就不會絕滅。長：盛大。以身觀身，以家觀家，以鄉觀鄉：以自身察照別人，以自家察照他家，以我鄉察照他鄉。

【譯文】

善於建樹的不可拔除，善於抱持的不會脫落，如果子孫能遵行這個道理，則世世代代的祭祀不會斷絕。拿這個道理貫徹到個人，他的德會是真實的；貫徹到一家，他的德可以有餘；貫徹到一鄉，他的德能受尊崇；貫徹到一國，他的德就會豐盛；貫徹到天下，他的德就會普遍。所以要從我個人觀照其他的個人，從我家觀照其他各家，從我的鄉觀照其他的鄉，從我的國觀照其他的國，從我現在的天下觀照過去和未來的天下。我怎麼知道天下的情況呢？就是用這種道理。

【故事】

古時候有個叫作樂羊子的人，他娶了一位知書達理、勤勞賢慧的好妻子，她總是幫助和輔佐丈夫力求上進，做個有抱負的人。

妻子常常跟樂羊子說：「你是一個七尺男子漢，要多學些有用的知識，將來好做大事，天天待在家裡或者只在鄉里四鄰走動一下，開闊不了眼界，長不了見識，不會有什麼出息的。不如帶些盤纏，到遠方去找名師學習本領來充實自己，也不枉活一世啊！」

日子一長，樂羊子被說動了，就按照妻子的話收拾好行李出遠門去了。自從那天和樂羊子依依惜別後，妻子一天比一天思念自己的丈夫，記掛他在異鄉求學的情況，但她把這份惦念埋在心底，只是每天不停地織布工作來排遣這份心情，好讓樂羊子安心學習，不牽掛自己和家裡。

一天，妻子正織著布，忽然聽見有人敲門。她走過去開門一看，簡直不敢相信自己的眼睛，站在面前的竟然是自己日夜想念的丈夫。她高興極了，趕緊將丈夫迎進屋內坐下。可是驚喜了沒多久，妻子似乎想起了什麼，疑惑地問：「才剛剛過了一年，你怎麼就回來了，是出了什麼事嗎？」樂羊子望著妻子笑答：「沒什麼事，只是離別的日子太久了，我對妳朝思暮想，實在忍受不了，就回來了。」

妻子聽了這話，半晌無語，表情很是難過。她抓起剪刀，快步走到織布機前「咔嚓咔嚓」地把織了一大半的布都剪斷了。

樂羊子大吃一驚，問道：「妳這是在做什麼？」

妻子回答說：「這匹布是我日日夜夜不停地織呀織呀，它才一絲一縷的累積起來，一分一毫的變長起來，終於織成了一整匹布。現在我把它剪斷了，白白浪費了寶貴的光陰，它也永遠不能恢復為整匹布了。學習也是一樣的道理，要一點一滴的累積知識才能成功。你現在半途而廢，不願堅持到底，這不是和我剪斷布一樣可惜嗎？」

樂羊子聽了這話恍然大悟，意識到自己錯了，不由得羞愧不已。他再次離開家去求學，整整過了七年終於學成而返。

樂羊子妻以她的遠見和勇氣幫助丈夫堅定了求學的意志，而樂羊子也終於以驚人的毅力克服困難，堅持學習。

不只學習需要持之以恆、堅忍不拔的精神，做其他任何事情也都需要這種精神，我們應該磨練自己的意志，不懈的努力，更應該堅定自己的信念。

其實老子是想告訴我們，不管做多麼平常的事，沒有一個堅定的信念是不行的！沒有吃苦的準備是不行的！沒有受挫的過程是不行的！沒有拼死的精神就更不行了！那只會知難而退，自己給自己找託詞、放大假的人，就只能是一事無成！

55 物極必反

【引語】

這一章講處世哲學，即「德」在人身上的具體展現。前半部分用的是形象的比喻，後半部分講的是抽象的道理，老子用赤子來比喻具有深厚修養境界的人，能返回到嬰兒般的純真柔和。

【原文】

含德之厚，比於赤子。毒蟲不螫，猛獸不據，攫鳥不搏。骨弱筋柔而握固，未知牝牡之合而朘作，精之至也。終日號而不嗄，和之至也。知和曰常，知常曰明，益生曰祥。心使氣曰強。物壯則老，是謂不道，不道早已。

【注解】

朘作：嬰孩生殖器舉起。嗄：啞。益生：縱欲貪生。祥：作妖祥、不祥解。心：慾望、不符合自然法則的妄想妄動。強：逞強；暴。

【譯文】

含德深厚的人，比得上初生的嬰兒。蜂蠍毒蛇不咬傷他，兇鳥猛獸不搏擊他。他筋骨柔弱拳頭卻握得很牢固，他還不知道男女交合，但小生殖器卻自動勃起，這是精氣充足的緣故。他整天號哭，但是他的喉嚨卻不會沙啞，這是元氣淳和的緣故。認識淳和的道理叫做「常」，認識常叫做「明」。貪生縱欲就會有災殃，用心機主使和氣就是逞強。過分的強壯就趨於衰老，這叫做不合於道，不合於道很快就會死亡。

【故事】

有這樣一對夫婦，他們家境貧寒，依靠自己家的一塊田地維持生計，每年收割的莊稼只能勉強過活。所幸的是，他們家還養著一隻母雞，每天可以生一個雞蛋。

有一天，這隻雞竟然生下了一枚金光閃閃的金蛋。這從天而降的金蛋，讓農夫高與得合不攏嘴，趕快拿到市場上賣了一筆錢。

農夫回到家裡，看著那隻寶貝母雞，心想，只要有了這隻會下金蛋的母雞，以後再也不用辛辛苦苦耕種，金錢也會源源不斷了。

母雞一天下一個金蛋，夫婦倆發了大財，買下了肥沃的田地，又蓋起了漂亮的大房子，請了許多僕人，日子過得舒服極了。但是他們非常貪心，對這一切並不滿足。

有一天，農夫的妻子說：「既然母雞每天可以下一個金蛋，那牠的肚子裡一定有很多很多的金蛋，說不定就是一個金庫。」

丈夫緊接著說：「對，我們乾脆把雞殺了，從肚子裡把所有的金蛋都拿出來！」

於是，他迅速地爬起來，拿了一把刀把那隻下金蛋的雞殺了。但是剖開雞腹之後，他才發現這隻雞和普通的雞並沒有什麼兩樣，根本沒有什麼金蛋，也不是什麼金庫！他們再也沒有一隻會下金蛋的雞了。

「天下事，占便宜不得，有便宜之貪念，即有不便宜之大悔。」我們的煩惱，大多來自我們的貪欲與不知足，放下貪欲，眼前自然清明。

56 爲天下貴

【引語】

這一章講述了人的最高道德境界——「和」。但本章文字蘊含很深，這就不僅僅包括執政之人，而且也包括世間人們處世為人的人生哲理。他要求人們要排除私欲，加強自我修養，不露鋒芒，超脱紛爭，混同塵世，不分親疏、利害、貴賤，以開豁的心胸與平和的心境，去對待一切人和物。

【原文】

知者不言，言者不知。塞其兌，閉其門，挫其鋭，解其紛，和其光，同其塵。是謂玄同。故不可得而親，不可得而疏；不可得而利，不可得而害；不可得而貴，不可得而賤。故爲天下貴。

【注解】

知者不言，言者不知：知道的人不說話，說話的人不知道。塞其兌，閉其門：此「逸」借為「兌」，指人之孔竅。挫其銳，解其紛，和其光，同其塵：不露鋒芒，消解紛擾，含斂光耀，混同塵世。玄同：玄妙齊同的境界，即道的境界。不可得而親，不可得而疏；不可得而利，不可得而害；不可得而貴，不可得而賤：指「玄同」的境界超出了親疏利害貴賤的區別。

【譯文】

有智慧的人是不多言說的，多話的就不是智者。塞住嗜欲的孔竅，閉起嗜欲的門徑，不露鋒芒，消解紛擾，含斂光耀，混同塵世，這就是玄妙齊同的境界。這樣就不分親，不分疏；不分利，不分害；不分貴，不分賤。所以為天下所尊貴。

【故事】

下面所講的蕭何避禍的故事，也許能說明一些問題：西漢十年，作為「漢初三傑」之一的蕭何，協助呂后，用計謀誘殺了韓信，這與蕭何早年月下追韓信之事，構成了一幕完整的「成也蕭何，敗也蕭何」的歷史悲喜劇。

漢高祖劉邦此時率兵在外平叛，聞此訊後，立即派使者拜蕭何為相國，外加許多優厚的恩賜獎賞，文武百官皆為此而來，向蕭何賀喜。

唯有大臣召平卻前來報憂弔孝。

召平對蕭何說：「目前諸王都心懷二志，所以，皇帝要親自率兵在外平叛，無暇後顧。而相國你卻鎮守京都，不用冒負傷戰死的危險，皇帝難免對你有疑心。可見，現時皇帝給你加封晉爵，用意只在於試探你，若你因此而居功自傲，日後就難免有不測之禍。所以，我懇請你堅決推辭這些封賜，還要拿出全部家財來資助勞師遠征的軍隊，唯有如此，才可以消除皇上對你的疑慮。」

蕭何聽後，如夢初醒。他從善如流，馬上依計而行。對此，劉邦十分高興，不再為後方分心。

聰明的人都懂得如果鋒芒畢露就會招致別人的猜忌，清高的人傲慢無禮，只會使別人疏遠。以退為進，以屈為伸是生活中的一大智慧。

真正的智者是不會去追求形式上的理解和尊重的，他們對任何事都表現得無爭無搶；他們個個都是深藏不露的高能人士。他們只是不會在言語和行動上表現自己，以求嘩眾取寵而已。所以，這樣的人才是順應自然大道的人，才是天下最可貴的人才，才是我們應該學習和尊敬的人！

57 無爲而治

【引語】

在本章老子闡述了其倡導的統治者應以清靜無為、無欲無爭規正自身，人民就自然地回歸於純樸，社會就自然地趨於安定，自會呈現國富民安的太平世界。

【原文】

以正治國，以奇用兵，以無事取天下。吾何以知其然哉？以此。天下多忌諱，而民彌貧；朝多利器，國家滋昏；人多伎巧，奇物滋起；法令滋彰，盜賊多有。故聖人云：我無爲而民自化，我好靜而民自正，我無事而民自富，我無欲而民自樸。

【注解】

正：指清靜之道。奇：奇巧，詭祕，臨機應變。取天下：治理天下。以此：簡本及帛書本均無此二字。利器：銳利的武器。一說喻權謀。伎巧：技巧，即智巧。奇物：邪事。簡本作「哦物」。

「哦」，應讀為苛刻、苛細之「苛」，「苛物」猶言「苛事」，「苛」字用法與「苛政」、「苛禮」之「苛」相類。我無為，而民自化：「自化」，自我化育。

【譯文】

以清靜之道治國，以詭奇的方法用兵，以不攪擾人民來治理天下。我怎麼知道是這樣的？從下面這些事端上可以看出：天下的禁忌越多，人民越陷於貧困；人間的利器越多，國家越陷於昏亂；人們的技巧越多，邪惡的事情就連連發生；法令越森嚴，盜賊反而不斷地增加。所以有道的人說：我無為，人民就自我化育，我好靜，人民就自然上軌道；我不攪擾，人民就自然富足，我沒有貪欲，人民就自然樸實。

【故事】

艾森豪是美國第三十四任總統。在任期間，他並不像有些國家的領導人那樣顯得日理萬機，他甚至給人的感覺總是很悠閒。我們先來看一個他的日常生活鏡頭：

一次，艾森豪正在打高爾夫球，白宮送來急件要他批示。總統助理事先已經擬定了「贊成」與「否定」兩個批示，只待他挑出其中一個簽名即可。

誰知艾森豪只是簡單地看了一下後，就在兩個批示後各簽了一個名，說：「請狄克（即當時的副總統尼克森）幫我批吧！」然後，就又若無其事地打球去了。

但就是這樣一位「懶」總統，卻領導美國取得了歷史上最為和平安定的時期，創造了美國歷史上最空前的繁榮，直到現在，人民還在懷想著過去的那段美好時光。

艾森豪的「懶」並不是當上總統之後才有的，他的這個習慣由來已久。比如：第二次世界大戰結束後不久，艾森豪出任哥倫比亞大學校長。一次，副校長安排他聽有關部門的彙報，考慮到系主任一級人員太多，只安排會見各學院的院長及相關學科主任，每天見兩、三位，每位談半個鐘頭。

在聽了幾批人的彙報後，艾森豪把副校長找來，不耐煩地問他總共要聽多少人的彙報，副校長回答說：「共有六十三位。」

艾森豪大驚：「天啊，太多了！先生，你知道我從前做盟軍總司令時，那是人類有史以來最龐大的一支軍隊，而我只需接見三位直接指揮的將軍，他們的手下我完全不用過問，更不用接見。想不到，做一個大學的校長，一次彙報就要接見這麼多的人。他們談的，我大部分都不懂，又不能不細心地聽他們說下去，這實在是在浪費他們寶貴的時間，對學校也沒有好處。你訂的那張日程表，是不是可以取消了呢？」

管理者的職責是引領而非運營，要想讓部屬能夠獨當一面，就要放權。而且，放權是最好的集權方式，只有放權才能擁有更大的權力。

真正有智慧的領導人，是知道如何給企業營造自由空間，知道應該如何調動下屬積極性的。因此，他們會秉持正道，奇謀妙計扭轉乾坤，而這與老子所講的以正治國的道理是相同的。這樣的領導人才是我們應效法的楷模！

58 禍兮福倚，福兮禍伏

【引語】

在前面幾章論說了「德」在社會、政治、人生方面的表現，在本章講的則是社會、政治、人生方面的辯證法。本章提到「禍兮福之所倚；福兮禍之所伏」，對於此句將在本章解析中詳細論及。

【原文】

其政悶悶，其民醇醇；其政察察，其民缺缺。禍兮福之所倚，福兮禍之所伏。孰知其極？其無正。正復爲奇，善復爲妖。人之迷，其日固久。是以聖人方而不割，廉而不劌，直而不肆，光而不耀。

【注解】

悶悶：昏昏昧昧，含有寬厚的意思。醇醇：淳厚的意思。察察：嚴苛。缺缺：狡黠。其無正：它們並沒有定準。指福、禍變換無端。正復為奇，善復為妖：正再轉變為邪，善再轉變為惡。人之迷，其日固久：人們的迷惑，已經有長久的時日。方而不割：方正而不割傷人。廉而不劌：銳利而不傷害人。「廉」：利。「劌」：傷。直而不肆：直率而不放肆。光而不耀：光亮而不刺耀。

【譯文】

政治寬厚，人民就淳樸；政治嚴苛，人民就狡黠。災禍啊！幸福倚傍在它裡面；幸福啊！災禍藏伏在它之中。誰知道它們的究竟？它們並沒有一個定準！正忽而轉變為邪，善忽而轉變為惡。人們的迷惑，已經有長久的時日了。因而有道的人，方正而不割人，銳利而不傷人，直率而不放肆，光亮而不刺耀。

【故事】

在遠久的時候，山上的部落有個年輕小夥子，有一天到郊外狩獵時，非常意外的捕捉到一匹野馬。他興奮的帶著野馬回到了部落，好消息傳遍了族內，人們無不對野馬的駿美誇讚，並為年輕人的奇遇感到嫉妒。大家都說他是一個幸運的男孩。

然而好景不常，年輕人為了駕馭野馬，不慎被摔下馬背、跌斷了腿。於是族人開始傳說野馬為不祥之物，才會為年輕人帶來如此的災禍。

那位年輕人只得留在床上休養，家人對這匹野馬心生怨恨，紛紛躲避，並為年輕人的遭遇感到難過。

正巧，那時正逢兵荒馬亂，族內的年輕男丁皆被抓去充軍，躺在病床上的年輕人，因摔斷了腿，留在家中，免受徵召。族人又開始眾說紛紜，讚許「良駒」為年輕人帶來幸運，免於一劫。

人生路上的得失禍福，豈是一時可以論斷的？

生命行進的過程中，或許會遭遇到一些起承轉合，這個「少年野馬故事」，它教我們用平實的心情看待人生一時的喜與憂，也用平適的心情隨波成長，在不同的激流中發現一些人生的智慧與契機。

挫折何嘗不是老天交付的功課，挫折又何嘗不該值得感激？

有人抱怨上帝——因玫瑰有刺；

有人卻讚美上帝——因刺中有玫瑰。

人生無常，當下最真。

59 治人事天，莫若嗇

【引語】

在這一章講治國與養生的原則和方法。老子把吝嗇當成為人修身養性的重要美德加以頌揚，而不是專指財物的愛惜。老子認為，吝嗇就是在精神上注意積蓄、養護、厚藏根基，培植力量。真正做到精神上的「嗇」，只有累積雄厚的德，有了德，也就接近了道，這就與聖人治國聯繫在一起了。這裡，把「嗇」解釋為節儉也可以，因為就老子而言，他十分重視「儉」德，這也是道家一貫的思想特徵。

【原文】

治人，事天，莫若嗇。夫唯嗇，是以早服；早服謂之重積德；重積德則無不克；無不克則莫知其極；莫知其極，可以有國；有國之母，可以長久。是謂深根固柢，長生久視之道。

【注解】

事天：保養天賦。嗇：愛惜，保養。早服：「服」，通「備」，準備。「早服」：早作準備。重積德：不斷的積蓄「德」。「重」：多，厚，含有不斷增加的意思。有國之母：「有國」，含有保國的意思。「母」：譬喻保國的根本。長生久視：長久維持；長久存在。「久視」：就是久立的意思。

【譯文】

治理國家、養護身心，沒有比愛惜精力更重要。愛惜精力，乃是早作準備；

早作準備就是不斷的積德；不斷的積德就沒有什麼不能勝任的；沒有什麼不能勝任就無法估計他的力量；無法估計他的力量，就可以擔負保護國家的責任；掌握治理國家的道理，就可以長久維持。這就是根深柢固、長生久視的道理。

【故事】

宋朝元豐某年，蘇東坡被貶官，來到黃州。

這天晚上，蘇東坡坐在桌前，取出四千五百錢，分成三十份。他的妻子季章把錢裝入三十只小布袋中，然後又將小布袋一一掛到樑上。

蘇東坡的長子蘇邁，好奇地望著這一切，不解地問：「爹，為什麼要將錢分成三十份掛起來？」

蘇東坡說：「這就叫過日子，每天一份，一百五十錢，只准餘，不准缺。」

「至於掛在樑上，那是杭州賈耘老的辦法」，蘇東坡接著說，布袋一天比一天少，日子一天一天過去了，它能提醒你不要虛度光陰，要珍惜每一天。

父子倆正在說話時，有人敲門，進來的是鄰居龐安常醫生，龐醫生和蘇東坡是好朋友。因為城裡幾個財主合起來修南天門，托龐醫生請蘇東坡題字，蘇東坡一口應允。兩人談得投機，到三更時分，龐安常才離去。

龐安常走後，蘇東坡鋪開宣紙，欣然揮毫。剛寫到「南天」兩字，忽然傳來蘇邁的驚叫聲：「抓賊！抓賊！」

蘇東坡大吃一驚，扔下筆，大步衝出書房，正好與那個盜賊撞個滿懷，盜賊倒在地上，嚇得渾身發抖。

這時，季章掌燈，蘇邁操棒，三個人將賊團團圍住。那盜賊慌忙掏出小錢袋，連連求饒：「老爺，小的叫阮小三，家住後村，上有老，下有小，日子過不下去，聽說老爺從城裡來，錢多得沒處放，就掛在樑上，所以我就……」

蘇東坡聽了不覺笑出聲來，他叫阮小三打開錢袋數數，然後說：「這是我全家每天的生活費，你拿一袋，我就要挨一天餓。」

阮小三一驚：「這一百五十錢的開銷跟我們老百姓差不多，老爺，都說你有錢，怎麼這樣節儉？」

蘇東坡微微一笑，回答道：「口腹之欲，何窮之有，每加節儉，亦是惜福延壽之道。」

阮小三聽不懂蘇東坡文謅謅的話，蘇邁解釋道：「我爹的意思是，肉體上的慾望是沒有限度的，你不注意節儉才淪為盜賊。」

阮小三慌忙申辯，說自己是窮得揭不開鍋才出此下策的，而且是第一次。蘇東坡聽他這麼一說，馬上讓蘇邁去請龐安常來作證。

不一會兒，龐安常來了，見是阮小三，便跟蘇東坡說，他老母病癱在床，妻子是個啞巴，還有三個孩子，日子過得很苦。蘇東坡聽了十分同情，念他因生活所迫，又是初犯，就放了他。阮小三千恩萬謝，連連磕頭，然後轉身要走。

忽然，蘇東坡叫住他，自己轉身到書房，揮動大筆，在宣紙上點了一個形似錢袋的墨點，然後將那宣紙卷好，送給阮小三，跟他說：那架上的錢袋只有一百五十錢，拿去也派不了用場，這張紙值一萬錢，小心保護。阮小三接過紙，半信半疑，不便多問，在一旁的龐醫生見了也覺奇怪，問蘇東坡葫蘆裡賣的什麼藥，蘇東坡笑而不答，他要龐安常通知那幾個財主，明天一早來取他的題字。

第二天，幾個財主來到蘇東坡家取墨寶，他們一看題字，蒼勁有力，非同一般，心中十分高興，突然發現南天門的「門」字少了一筆，忙請教蘇東坡是何緣故，蘇東坡笑笑說：「噢，我想起來了，這一點嘛……忘在後村阮小三家裡了，你們去取吧！」

此時阮小三正在家裡端詳那張宣紙上的墨點，他想：這一點就值一萬錢，會不會蘇老爺作弄我？文人會開玩笑，也許這一點是罵我一點也不懂。他正想得出神，幾個財主上門來了，他們向阮小三要那個墨點。阮小三想起蘇東坡的話，開價一萬錢，少一錢也不給，財主知道蘇東坡的墨寶值錢，只好答應了。

財主走後，阮小三將一萬錢分成兩份：一千錢給自己，九千錢用布包好，給蘇東坡送去。蘇東坡不肯收，他對阮小三說：「我每天一百五十錢，足矣足矣！」

阮小三不懂，他問蘇東坡：「老爺你渾身是寶，寫一點就值一萬錢，為什麼日子過得如此清苦？」

蘇東坡笑道：「君子倡儉，一日安分以奉福，二日寬胃以養氣，三日少費以養財，此乃三養也。」

阮小三當然不懂三養的涵義，但蘇東坡那種倡儉的美德，那種過日子的精神，被後人引為楷模。

快樂是一種心情，一種感覺。它並非以金錢的多少來決定，也不以財富的多寡來衡量。節儉可以快樂，而如果一個人淪為財富的奴隸，那麼對他而言，也就沒有什麼快樂了。

60 德交歸焉

【引語】

這一章講的是治國的道理，「治大國，若烹小鮮」這是老子所說的一句被後人傳頌很廣的名言。「烹小鮮」就是煎烹小魚，這是個比喻。這是用烹魚比治國。因為小魚非常鮮嫩，如果用刀亂切或在鍋裡頻頻攪動，那肉就碎了。國家的統治者治理國家，要像煎小魚那樣，不要常常亂翻。

【原文】

治大國，若烹小鮮。以道莅天下，其鬼不神；非其鬼不神，其神不傷人；非其神不傷人，聖人亦不傷人。夫兩不相傷，故德交歸焉。

【注解】

治大國，若烹小鮮：「小鮮」，小魚。蒞：臨。其鬼不神：鬼不起作用。古人常用陰陽和順來說明國泰民安，古人以陰氣過盛稱「鬼」。「神」這裡作「伸」講。非：「不唯」二字合音。兩不相傷：指鬼神和聖人不侵越人。德交歸焉：「交」，俱、共。「交歸」，會歸。

【譯文】

聖人治大國就猶如加工一道美味的小菜一樣輕而易舉、得心應手。用「道」來治理天下，那鬼怪就不敢鬧事了；不是鬼怪不鬧事，是因為鬼怪鬧事也傷害不了人；鬼怪鬧事傷害不了人，聖人也不會傷人。這兩者都不傷人，所以，百姓都接受道德而天下太平了。

【故事】

喬治·華盛頓，自幼聰慧異常，渴求上進，抱負不凡，具有這個家族的遺傳基因。母親瑪麗對孩子要求非常嚴格，特別是對長子喬治·華盛頓，甚至有時過於苛刻。因此，少年時代的喬治與母親的關係總是僵持和冷漠的，但他對母親卻絕對的尊敬，並從母親那裡繼承了威嚴的性格特點。除了母親的嚴格管教外，對喬治·華盛頓影響最大的是父親奧古斯丁·華盛頓。

喬治從小聰明能幹，好奇心強，不論對什麼事情都要動腦筋想一想，問個「為什麼」。他的父親是個大種植園的園主，非常喜愛花草樹木。他親手在自家的花園裡栽培了幾棵櫻桃樹，每天澆水、鬆土，愛如珍寶，使櫻桃樹長得既快又壯。

一天，父親出去了。華盛頓望著枝葉茂盛的櫻桃樹，腦子裡閃出個大問號：這幾棵櫻桃樹為什麼能長得這樣好呢？他皺著眉頭來回打量，突然自語道：「哼，這樹幹裡面說不定有什麼『寶貝』呢！把它挖開看看。」他看看家裡沒人，便拿了一把斧頭，來到樹前「咔嚓」一聲把櫻桃樹砍斷了。然後，扔下斧頭，握把小刀，急切地在樹幹裡撥呀、找呀，但始終沒找到什麼「寶貝」。於是，他洩氣了，心想：「寶貝」沒找到，樹也砍壞了，父親回來肯定會打我的，他害怕極了。

父親回來了，他像往常一樣，先去看他的櫻桃樹。望著父親的腳步，華盛頓緊張地冒出了一身冷汗。果然，大禍臨頭，父親撿起被砍斷的櫻桃樹枝惱怒地吼道：「這是誰幹的？誰幹的？真是太壞了！我要扭斷他的胳膊。」聽到父親的怒吼聲，全家人都跑出來搖頭擺手表示不是自己砍的，華盛頓心想，明明是自己砍的，何必連累別人呢？他咬了一下嘴唇，走到父親跟前說：「爸爸，櫻桃樹是我砍的！」華盛頓睜著一雙大眼睛望著盛怒的父親說：「爸，我告訴你的是事實，絕沒有說假話！」聽著兒子的申述，父親的怒容頓時消失了，心想：是呀，孩子雖然砍斷了櫻桃樹，但他卻誠實勇敢地承認錯誤，我怎麼能打他呢？

他和藹而親切地拉過華盛頓說：「孩子，你不必害怕，我不會打你的。因為，你這種對錯誤勇敢誠實的態度，比爸爸心愛的櫻桃樹要珍貴千萬倍！」接著他拍拍兒子的小腦袋瓜，詢問了他砍樹的前前後後。華盛頓又如實地向父親敘述了他砍樹的想法。父親聽了很高興，吻了一下兒子說：「是啊，對任何事情都要多問幾個為什麼。」然後父親大聲向全家人說：「我們家的每一個人，包括我自己在內，都要學習我們的小寶貝華盛頓這種誠實和勇於認錯的精神！」

人人都知道華盛頓總統在美國歷史上的重要地位，也大都聽說過這段櫻桃樹的故事。那麼，你從這個故事中又能感悟到什麼呢？做一個優秀的人，一定要有優秀的品格，誠實的美德便是其中最重要的。

受父親言傳身教的影響，華盛頓為人誠實，注意修身養性。他雖然沒上過正規大學，但卻有著實幹和樸素的工作作風，不管做什麼事，都有始有終，從不半途而廢，也從不敷衍了事。華盛頓有著正直、誠實的品格，在學校裡，他雖然品學兼優，但從不盛氣凌人，因此受到同學們的擁戴。在成年後的軍旅生涯中，他做事公道的優秀品格也深受人民擁戴，這是他成功走向總統位置的一個重要原因。

61 各得其所，大者謙下

【引語】

任何事物都是相互依存的，水可載舟，亦可覆舟，所以只有相互謙恭禮讓，才能夠各得其所，相安無事。國與國之間是這樣，人與人之間更是如此。如果全世界的國家和人民都秉持這樣的治國、做人的原則，那我們這個社會該會多麼的安靜祥和啊！

【原文】

大國者下流，天下之交。天下之牝，牝常以靜勝牡，以靜爲下。故大國以下小國，則取小國；小國以下大國，則取大國。故或下以取，或下而取。大國不過欲兼畜人，小國不過欲入事人。夫兩者各得所欲，大者宜為下。

【注解】

交：交匯、匯集。或下而取：下，謙下；取，借為聚。兼畜人：把人聚在一起加以養護。

【譯文】

大國要像居於江河下游那樣，使天下百川河流交匯在這裡。處在天下雌柔的位置，雌柔常以安靜守定而勝過雄強，這是因為它居於柔下的緣故。所以，大國對小國謙下忍讓，就可以取得小國的信任和依賴；小國對大國謙下忍讓，就可以見容於大國。所以，或者大國對小國謙讓而取得大國的信任，或者小國對大國謙讓而見容於大國。大國不要過分想統治小國，小國不要過分想順從大國。兩方面各得所欲求的，大國特別應該謙下忍讓。

【故事】

《寓圃雜記》中記述了關於楊翥的事情：

楊翥的鄰人丟失了一隻雞，指罵被姓楊的偷去了。家人告知楊翥，楊翥說：「又不只我們一家姓楊，隨他罵去。」又一鄰居每遇下雨天，便將自家院中的積水排放進楊翥家中，使楊家深受髒污潮濕之苦。家人告知楊翥，他卻勸解家人：「總是晴天乾燥的時日多，下雨的日子少。」

久而久之，鄰居們被楊翥的忍讓所感動。有一年，一夥盜賊密謀欲搶楊家的財寶，鄰人們得知後，主動組隊來幫楊家守夜防賊，使楊家免去了這場災禍。

寬容說起來簡單，可是做起來並不容易。因為任何寬容都是要付出代價的，甚至是痛苦的代價。人的一生誰都會碰到個人的利益受到他人有意或無意的侵害。為了培養和鍛鍊良好的心理素質，你要勇於接受寬容的考驗，即使在情緒無法控制時，也要管住自己的大腦，只要忍一忍，就能抵抗急躁和魯莽，控制衝動的行為。如果能像楊翥那樣再尋找出一條平衡自己心理的理由，說服自己，那就能把忍讓的痛苦化解，產生出寬容和大度來。

生活中有許多事當忍則忍，能讓則讓。寬容不是懦怯膽小，而是關懷體諒。寬容是給予，是奉獻，是人生的一種智慧，是建立人與人之間良好關係的法寶。

62 道者，萬物之奧

【引語】

在本章，老子依舊講「道」的好處，每個人都希望獲得他人的尊重，而尊重他人也是大道的德性，因為大道尊重世間的萬物萬事。雖然有時候，尊重只是客氣的一種形式，但是，更多的時候，尊重表示出一種信任的情感，是對他人的一種鼓勵與肯定，具有無窮的力量。

【原文】

道者萬物之奧。善人之寶，不善人之所保。美言可以市尊，美行可以加人。人之不善，何棄之有？故立天子，置三公，雖有拱璧以先駟馬，不如坐進此道。

古之所以貴此道者何？不曰：求以得，有罪以免邪？故爲天下貴。

【注解】

奧：一說為深的意思，不被人看見的地方；另一說是藏，含有庇蔭之意。其實兩說比較接近，不必僅執其一。不善人之所保：不善之人也要保持它。美言可以市尊：美好的言辭，可以換來別人對你的敬仰。美行可以加人：良好的行為，可以見重於人。三公：太師、太傅、太保。拱璧以先駟馬：拱璧，指雙手捧著貴重的玉；駟馬，四匹馬駕的車。古代的獻禮，輕物在先，重物在後。坐進此道：獻上清靜無為的道。求以得：有求就得到。有罪以免邪：有罪的人得到「道」，可以免去罪過。

【譯文】

「道」是蔭庇萬物之所，善良之人珍貴它，不善的人也要保持它。美好的言辭可以換來別人對你的尊重，良好的行為可以見重於人。不善的人，怎能捨棄它呢？所以在天子即位，設置三公的時候，雖然有拱璧在先駟馬在後的獻禮儀式，還不如把這個「道」進獻給他們。自古以來，人們所以把「道」看得這樣寶貴，不正是由於求它庇護一定可以得到滿足；犯了罪過，也可得到它的寬恕嗎？就因為這個，天下人才如此珍視「道」。

【故事】

一九二一年，路易斯・勞斯出任星星監獄的典獄長，那是當時最難管理的監獄。可是在二十年後勞斯退休時，該監獄卻成為一所提倡人道主義的機構。當勞斯被問到使監獄改觀的原因時，他說：「這都要歸功於我已經去世的妻子——凱瑟琳，她就埋葬在監獄外面。」

在勞斯成為典獄長的時候，每個人都警告凱瑟琳千萬不要踏進監獄，但這些話並沒有阻擋住凱瑟琳。第一次舉辦監獄籃球比賽時，她帶著自己的三個可愛的孩子走進體育館，與服刑人員坐在一起。她的觀點是：我要與丈夫一起關照這些人，我相信他們也會關照我，我不必擔心什麼。

那些服刑人員中有一個被判定有謀殺罪的犯人瞎了雙眼，凱瑟琳知道後便去看望他，並且幫他學習「點字閱讀法」。凱瑟琳在獄中還遇到過一個聾啞人，為了與他交流，她到學校去學習手語。在一九二一年至一九三七年期間，她經常造訪星星監獄。

後來，凱瑟琳在一次交通意外事故中逝世。第二天，勞斯沒有上班，可是消息立刻傳遍了監獄，大家都知道出事了。第三天，她的遺體被運回家中，代理典獄長早晨散步時驚愕地發現，一大群看來最兇悍、最冷酷的囚犯，竟然齊聚在監獄大門口，臉上帶著悲哀的神色和難過的眼淚，他轉身對他們說：「好了，各位，你們可以去，只要今晚記得回來報到！」然後他打開監獄大門，讓那些囚犯走出去，當然是在沒有守衛的情況。結果，當晚每一位囚犯都回來報到了。

給予惡人他應得的東西，就是奉行大道德性的作為，即使他是個壞得無可救藥的人，也不應該剝奪他應該擁有的東西。這也就是老子所說的「人之不善，何棄之有」的道理。

由此我們就可以知道，連罪犯都會被感動，都會轉變成善良和有用的人，那些比罪犯強很多的人就更可以轉變。也許他們只是能力有些低下，經驗有些不足，反應有些遲鈍，邏輯有些缺乏等等，我們就更不應嫌棄他們，甚至拋棄他們。我們只要付出一些耐心和尊重，也許這世上就又多了一批有用之才和棟樑之才。而我們也就擁有了被天下人共同珍視的大道準則！只有這樣才能與道同行，才能成為天下的貴人！

63 終不爲大，能成其大

【引語】

這一章老子講如何做事，篇幅不長卻頗得要領。首先是端正的態度，這是事情成功的前提，否則將成事不足而敗事有餘。其次是踏實的方法，飯要一口口的吃，事要一點點的做，即使是聖人也不能免俗，若是好大喜功、輕率逞能，那肯定是好事也會辦砸。

【原文】

爲無爲，事無事，味無味。大小多少，報怨以德。圖難於其易，爲大於其細。天下難事，必作於易；天下大事，必作於細。是以聖人終不爲大，故能成

其大。夫輕諾必寡信，多易必多難。是以聖人猶難之，故終無難矣。

【注解】

為無為，事無事，味無味：此句意為把無為當作為，把無事當作事，把無味當作味。大小多少：大生於小，多起於少；另一解釋是大的看作小，小的看作大，多的看作少，少的看作多；還有一說是，去其大，取其小，去其多，取其少。不為大：是說有道的人不自以為大。

【譯文】

以無為的態度去有所作為，以不滋事的方法去處理事物，以恬淡無味當作有味。大生於小，多起於少，用恩德來對仇怨。處理問題要從容易的地方入手，實現遠大要從細微的地方入手。天下的難事，一定從簡易的地方做起；天下的大事，一定從微細的部分開端。因此，有「道」的聖人始終不貪圖大貢獻，所以才能做成大事。那些輕易說出諾言的，必定很少能夠兌現的，把事情看得太容易，勢必會遭受很多困難。因此，有道的聖人總是看重困難，所以就終於沒有困難了。

【故事】

有個人講了這麼一個故事：

那是在克尼斯納，一個老林工正在解釋如何伐樹。他指出，要是你不知道哪棵樹砍了會倒在哪裡，就不要去砍它。「樹總是朝支撐少的那一方倒下，所以你如果想使樹朝哪個方向倒下，只要削減那一方的支撐便可以了。」他說。我半信半疑——稍有差錯，我們就可能一邊損壞一幢昂貴的小屋，另一邊損壞一幢磚砌車庫。

我滿心焦慮，在兩幢建築物中間的地上劃一條線。老林工朝雙手啐了一下，揮起斧頭，向那棵巨松砍去，樹身底處粗一公尺多。他的年紀看來已六十開外，但力氣十足。

約半個小時後，那棵樹果然不偏不倚地倒在線上，樹梢離開房子很遠。我恭賀他砍伐如此準確，他有點驚訝，但沒說什麼。不到一個下午，他已將那棵樹伐成一堆整齊的圓木，又把樹枝劈成柴薪。我告訴他我絕對不會忘記他的砍樹心得。

他把斧頭扛在肩上，正要轉身離去，卻突然說：「我們運氣好，沒有風。要提防風。」

老林工的言外之意，我在數年後接到關於一個心臟移植病人的驗屍報告時才忽然明白。那次手術出乎意料的順利，病人的復原情況也極好。然而，忽然間一切都出現了不正常，病人死掉了。驗屍報告指出病人腿部有一處小傷口，傷口感染到肺，導致整個肺喪失功能。

那老林工的臉驀地在我腦海中浮現。他的聲音也響起來：「永遠要提防風。」簡單的事情，基本的真理，需要智慧才能瞭解。那個病人的死，慘痛地提醒我們功虧一簣這個道理。縱使那個傷口對健康的人是無關緊要，卻可以奪去了那個病人的生命。

那老林工可能早已入土。然而，他卻留下了一個訓誡給我，讓我在得意之時用來警惕自己。人人都得意洋洋，我會緊緊盯著鏡裡的影子，對自己說：「我們這回運氣好，沒有風。」

記住：不論是天道還是人道，一切應順其自然。

要弄髒一條河流是很容易的。但未澄清之水，你卻不能透過動手動腳使其清澈，只能任其自清。

撥亂之道，莫善於待其反正。

64 慎終如始，則無敗事

【引語】

這一章老子告誡人們，無論做什麼事情，都必須具有堅強的毅力，從小事做起，才可能成就大事業。

【原文】

其安易持，其未兆易謀，其脆易泮，其微易散。爲之於未有，治之於未亂。合抱之木，生於毫末；九層之台，起於累土；千里之行，始於足下。爲者敗之，執者失之。是以聖人無爲故無敗，無執故無失。民之從事，常於幾成而敗之。慎終如始，則無敗事。是以聖人欲不欲，不貴難得之貨；學不學，復衆人之所過。以輔萬物之自然，而不敢爲。

【注解】

其脆易泮：泮，分，解。物品脆弱就容易消解。毫末：細小的萌芽。累土：堆土。學：這裡指做事有錯的教訓。

【譯文】

局面安定時容易保持和維護，事變沒有出現跡象時容易圖謀，事物脆弱時容易消解，事物細微時容易散失。做事情要在它尚未發生以前就處理妥當，治理國政，要在禍亂沒有產生以前就早做準備。合抱的大樹，生長於細小的萌芽；九層的高台，築起於每一堆泥土；千里的遠行，是從腳下第一步開始走出來的。有所作為的將會招致失敗，有所執著的將會遭受損害。因此聖人無所作為所以也不會招致失敗，無所執著所以也不遭受損害。人們做事情，總是在快要成功時失敗。所以當事情快要完成的時候，也要像開始時那樣慎重，就沒有辦不成的事情。因此，有道的聖人追求人所不追求的，不稀罕難以得到的貨物，學習別人所不學習的，補救眾人所經常犯的過錯。這樣遵循萬物的自然本性，而不會妄加干預。

【故事】

戰國時，秦國國富民強，氣勢最盛。秦武王以為從此可高枕無憂，便以驕色示人。一謀士見勢不妙，便進言提醒武王道：「詩曰，『行百里者半九十』指的是把持到最後關頭最為困難。今天的霸業是否能成，還得看各方諸侯是否出力，然而大王現在就沾沾自喜，以驕色示人，而忽視圖霸的準備，若讓他國知道了，受諸侯攻擊的恐怕非楚而秦了。」秦武王雖精於政治，其霸業也只維繫了短短的四年。可見他沒有聽進謀士的忠言。

在施政方面，真正做到善始善終、居安思危的，要數唐太宗李世民了。太宗常對左右說：「治國之心猶如治病。病人希望儘快痊癒，求醫心切。如果病人能認真聽從醫生的囑咐，配合治療，病就痊癒得快，反之，恐怕就要使病情惡化，甚至喪命。治國也是同理，要想保持天下安定，就得事事謹慎，若在關鍵時候有疏忽，必招亡國之禍。

現在天下的安危全置於我一人肩上，因此，我要慎重地警惕自己。即使歌功頌德，我還需檢點自己的言行，加緊努力。但是，只靠我一人是難有作為的，希望你們能做我的耳目，發現我有過失，請直言無妨，君臣之間如有疑惑而不說，對治國是極其有害的。」

唐太宗如此開明，才引出善諫的魏徵，以這種態度施政，才出現了中國歷史上有名的「貞觀之治」。

65 與物反矣，至於大順

【引語】

沒有心智就是最大的心智。要運用我們這大的心智，就要拋棄我們那些小的心智。弄虛作假、不誠實，失去了人們的信任，失去了信譽，欺騙別人一次，影響自己一生。

【原文】

古之善爲道者，非以明民，將以愚之。民之難治，以其智多。故以智治國，國之賊；不以智治國，國之福。知此兩者亦楷式。常知楷式，是謂玄德。玄德深矣遠矣；與物反矣！然後乃至大順。

【注解】

明民：明，知曉巧詐。明民，意為讓人民知曉巧詐。將以愚之：愚，敦厚、樸實，沒有巧詐之心。不是愚弄、蒙昧。此句意為使老百姓無巧詐之心，敦厚樸實、善良忠厚。智多：智，巧詐、奸詐，而非為智慧、知識。賊：傷害的意思。兩者：指上文「以智治國，國之賊；不以智治國，國之福」。楷式：法式、法則。與物反矣：反，通返。此句意為「德」和事物復歸於真樸。大順：自然。

【譯文】

古代善於為道的人，不是教導人民知曉智巧為詐，而是教導人民淳厚樸實。人們之所以難於統治，乃是因為他們使用太多的智巧心機。所以用智巧心機治理國家，就必然會危害國家；不用智巧心機治理國家，才是國家的幸福。瞭解這兩種治國方式的差別，就是一個法則，經常瞭解這個法則，就叫做「玄德」。玄德又深又遠，與具體的事物復歸到真樸，然後才能極大地順乎於自然。

【故事】

有一對夫妻，失業後開了一家燒酒店，自己燒酒自己賣，也算有條活路。丈夫是個老實人，為人真誠、熱情，燒製的酒也好，人稱「小茅台」，有道是「酒香不怕巷子深」，一傳十，十傳百，酒店生意興隆，常常是供不應求。看到生意如此之好，夫妻倆便決定把掙來的錢投進去，再添置一台燒酒設備，擴大生產規模，增加酒的產量。這樣，一可滿足顧客需求，二可增加收入，早日致富。

這天，丈夫外出購買設備，臨行之前，把酒店的事都交給了妻子，叮囑妻子一定要善待每一位顧客，誠實經營，不要與顧客發生爭吵……

一個月以後，丈夫外出歸來。妻子一見丈夫，便按捺不住內心的激動，神祕兮兮地說：「這幾天，我已經知道了做生意的祕訣，像你那樣永遠發不了財。」丈夫一臉愕然，不解的說：「做生意靠的是信譽，我們家燒的酒好，賣的量足，價錢合理，所以大家才願意買我們家的酒，除此還能有什麼祕訣。」

妻子聽後，用手指著丈夫的頭，自作聰明地說：「你這榆木腦袋，現在誰還像你這樣做生意，你知道嗎？這幾天我賺的錢比過去一個月掙的還多。祕訣就是——我在酒裡加了水。」

丈夫一聽，肺都要氣炸了，他沒想到，妻子竟然會往酒裡加水。他知道妻子這種坑害顧客的行為，會將他們苦心經營的酒店的牌子砸了，他也知道這將意味著什麼。

從那以後，儘管丈夫想了許多辦法，竭力挽回妻子給酒店信譽所帶來的損害，可是「酒裡加水」這件事還是被顧客發現了，酒店的生意日漸冷清，後來就不得不關門停業了。

這位妻子就是由於心機太多而有了私欲，結果導致酒店不得不關門。反之，一個人不虛偽、純樸厚道，那就是他的福了。

66 爲百谷王，其善下之

【引語】

本章講的是「不爭」的政治哲學。老子透過大國與小國的關係，講了「大者宜為下」的道理，也講了「聖人」也要「為下」。

【原文】

江海所以能爲百谷王者，以其善下之，故能爲百谷王。是以聖人欲上民，必以言下之；欲先民，必以身後之。是以聖人處上而民不重；處前而民不害。是以天下樂推而不厭。以其不爭，故天下莫能與之爭。

【注解】

百谷王：百川狹谷所歸附。重：累、不堪重負。

【譯文】

江海所以能夠成為百川河流所匯往的地方，乃是由於它善於處在低下的地方，所以能夠成為百川之王。

因此，聖人要領導人民，必須用言辭對人民表示謙下，要想領導人民，必須把自己的利益放在他們的後面。

所以，有道的聖人雖然地位居於人民之上，而人民並不感到負擔沉重；居於人民之前，而人民並不感到受害。天下的人民都樂意推戴而不感到厭倦。因為他不與人民相爭，所以天下沒有人能和他相爭。

【故事】

西元七四二年，唐玄宗連下三道詔書，徵召大名鼎鼎的詩人李白入京。李白這年四十三歲，他畢生都嚮往著建功立業，以為這一回終於可以大展鴻圖了，於是，意氣風發地來到了長安。唐玄宗在大明宮召見了他。

封建時代，皇帝召見大臣，氣派是十分尊嚴的，他端坐在御座之上，居高臨下，而臣下則要一路小跑至他的膝下，行三跪九叩大禮，俯首稱臣。

而唐玄宗這一次召見李白，這一切森嚴的禮儀全都免除，他親自坐著步輦（一種由人抬的代步工具）前來迎接。

當李白到來時，他從步輦上下來，大步迎了上去；迎入大殿之後，又以鑲嵌著各種名貴寶石的食案盛了各種佳肴來招待李白，大概是怕所上的一道湯太熱，會燙著李白，唐玄宗竟然御手親自以湯匙調羹，賜給李白，並對他說：「卿是一個普通讀書人，可是你的大名居然傳到我的耳中，若不是你有著超凡的詩才，怎麼能做到這一點？」

接著又賜他一匹天馬駒，宮中的宴會，鑾駕的巡遊，都讓李白陪侍左右。一個普通的詩人，無官無職，能夠得到皇帝的召見、賜宴，已是非常的禮遇了，而降輦步迎，御手調羹，更是曠古的隆恩。

雖然李白這一次來長安，在仕途上並沒有多大發展，最後還被客客氣氣的趕出了長安，但唐玄宗的這一次接見，卻在李白心中留下了永不磨滅的印象，使他終身引以自豪，至死都念念不忘。

67 我有三寶，持而保之

【引語】

老子稱一慈二儉三保守為人類的三大法寶，這不但過去是，現在依然是，將來也永遠是。

以「慈」持身，人就會友愛於人，不會自利；以「儉」持身，人就會富足長久，絕不會貪婪；以「謙」持身，人就會自謙益人，不自炫耀。「慈」、「儉」、「謙」這就叫做戒除極端，戒除奢侈，戒除過度，這的確是立身處世的奇方妙法。

【原文】

天下皆謂我道大，似不肖。夫唯大，故似不肖。若肖，久矣其細也夫。我有三寶，持而保之。一曰慈，二曰儉，三曰不敢爲天下先。慈故能勇，儉故能廣，不敢爲天下先，故能成器長。今舍慈且勇，舍儉且廣，舍後且先，死矣！夫慈，以戰則勝，以守則固。天將救之，以慈衛之。

【注解】

我道大：道即我，我即道。「我」不是老子用作自稱之詞。似不肖：肖，相似之意。意為不像具體的事物。一說，沒有任何東西和我相似。三寶：三件法寶，或三條原則。儉：嗇，保守，有而不盡用。慈故能勇：仁慈所以能勇武。儉故能廣：儉嗇所以能大方。器長：器，指萬物。萬物的首長。且：取。以戰則勝：一本作「以陣則亡」。

【譯文】

天下人能說「我道」偉大，不像任何具體事物的樣子。正因為它偉大，所以才不像任何具體的事物。如果它像任何一個具體的事物，那麼「道」也就顯得很渺小了。我有三件法寶，執守而且保全它。第一件叫做慈愛，第二件叫做儉嗇，第三件是不敢居於天下人的前面。有了這柔慈所以能勇武，有了儉嗇所以能大方，不敢居於天下人之先，所以能成為萬物的首長。現在丟棄了柔慈而追求勇武，丟棄了嗇儉而追求大方；捨棄退讓而求爭先，結果是走向死亡。慈愛，用來征戰，就能夠勝利，用來守衛就能夠鞏固。天要援助誰，就用柔慈來保護他。

【故事】

下面這個故事能幫助我們更好的理解儉樸所能給予我們的是什麼。

有個工匠手藝很好，做出來的東西不但精巧，而且耐用，所以生意很好，賺的錢也不少。可是工匠好吃、好穿、好玩，因而錢雖然賺得不少，卻老是不夠用。

工匠的鄰居是個大富翁。一天，工匠聽人說大富翁原來很窮，後來不知怎麼的，錢就漸漸多了起來。工匠便想去請教大富翁，問他應該如何才能有錢？

到了大富翁家，他先說明來意。大富翁聽了，微微一笑說：「這個嘛！說來話長，卻也很簡單，你且等一等，讓我先把燈熄了，再好好對你說。」說著，順手就把燈關了。

工匠原來也是個聰明人，一看這個情形，馬上便明白了，立刻高高興興地站起來，說：「先生，謝謝你，我已經都明白了，原來致富之道就在於『勤儉』二字，是不是？」

勤是勤勞，儉是節儉。賣力工作固然能增加收入，但還要懂得當用則用，當省則省，才能積貯財富。

這個故事說的是老子的三寶之一——「儉」。

68 不爭之德，用人之力

【引語】

這一章是專從用兵的意義上講戰略戰術的原則。其中心思想在於闡明上一章所講「夫慈，以戰則勝，以守則固」的道理。

【原文】

善爲士者不武，善戰者不怒，善勝敵者不與，善用人者爲之下。是謂不爭之德，是謂用人之力，是謂配天之極。

【注解】

善為士者：士，即武士，這裡作將帥講。此句意為善作將帥的人。不與：意為不爭，不正面衝突。配天：符合自然的道理。

【譯文】

善於帶兵打仗的將帥，不逞其勇武；善於打仗的人，不輕易激怒；善於勝敵的人，不與敵人正面衝突；善於用人的人，對人表示謙下。這叫做不與人爭的品德，這叫做運用別人的能力，這叫做符合自然的道理，這是自古以來的最高準則。

【故事】

一個十二歲的孩童向中國歷史上最暴戾的皇帝秦始皇說「不」，卻獲得了賞識。歷史傳說小甘羅十二歲拜上卿，秦始皇對他的評價是「孺子之智，大於其身」。這或許是源自一次他跟秦始皇關於「公雞下蛋」的辯論。

秦始皇聽信方士說，吃公雞蛋能長生的話，便命令甘羅的爺爺前去尋找。

「爺爺，您有什麼心事嗎？」甘羅看到愁眉不展的爺爺在房間裡走來走去，便上前問道。

「唉，皇上聽信了方士的話，要吃公雞蛋以求長生。現在命令我去找，要是三天之內找不到，就得受罰。」

甘羅一聽，也著急起來。不過他靈機一動，有了主意。

「爺爺，你不用再為此事操心，三天後我替你上朝去，我有辦法應付皇上。」

聽了甘羅的話，一向信任他的爺爺也就放下心來了。

期限已到，甘羅不慌不忙地隨著一班大人走進宮殿。

秦始皇認識他，暗想一個小孩跑進宮殿來簡直是無禮，便生氣的問：「你來做什麼？是不是你爺爺找不到雞蛋不敢來了？」

「啟稟陛下，我爺爺來不了啦！」甘羅冷靜的說，「他在家生孩子呢，所以我只好替他來上朝了。」

「胡說！」一句話把秦始皇逗樂了，「你這孩子，男人怎麼會生孩子？」

「既然公雞能下蛋，為什麼男人就不會生孩子呢？」甘羅反問道。

秦始皇一聽，自然知道自己錯了。同時也看出了甘羅不簡單，便對他破格錄用。

小甘羅利用歸謬法使秦始皇發現自己的觀點自相矛盾，他再狠也是一個明理人，當然不會拒絕甘羅的「不」，對領導者說「不」，不僅要有勇氣，更要用智慧，有勇無謀的拒絕非但達不到目的，還有可能為自己招來災禍。

69 哀兵必勝

【引語】

這一章仍是從軍事學的角度，論「以退為進」的處世哲學。老子認為，戰爭應以守為主，以守而取勝，表現了老子反對戰爭的思想，同時也表明老子處世哲學中的退守、居下原則。有形的敵人不足以害怕，無形的敵人才最可怕。因此，驕兵必敗，哀兵必勝。

【原文】

用兵有言：「吾不敢爲主而爲客，不敢進寸而退尺。」是謂行無行，攘無臂，執無兵，扔無敵。禍莫大於輕敵，輕敵幾喪吾寶。故抗兵相加，哀者勝矣。

【注解】

為主：主動進攻，進犯敵人。為客：被動退守，不得已而應敵。行無行：行，行列，陣勢。此句意為：雖然有陣勢，卻像沒有陣勢可擺。攘無臂：意為雖然要奮臂，卻像沒有臂膀可舉一樣。執無兵：兵，兵器。意為：雖然有兵器，卻像沒有兵器可執。扔無敵：意為雖然面臨敵人，卻像沒有敵人可赴。抗兵相加：意為兩軍相當。哀：閔、慈。

【譯文】

用兵的人曾經這樣說：「我不敢主動進犯，而採取守勢，不敢前進一步，而寧可後退一尺。」這就叫做雖然有陣勢，卻像沒有陣勢可擺一樣；雖然要奮臂，卻像沒有臂膀可舉一樣；雖然有兵器，卻像沒有兵器可以執握一樣；雖然面臨敵人，卻像沒有敵人可打一樣。禍患再沒有比輕敵更大的了，輕敵幾乎喪失了我的「三寶」。所以，兩軍實力相當的時候，悲痛的一方可以獲得勝利。

【故事】

三國時代，那位漢壽亭侯關羽，過五關，斬六將，單刀赴會，水淹七軍，是何等英雄氣概。可是他致命的弱點就是剛愎自用，固執偏激。當他受劉備重托留守荊州時，諸葛亮再三叮囑他要「北據曹操，南和孫權」，可是，當孫權派人來見關羽，為兒子求婚，關羽一聽大怒，喝道：「吾虎女安肯嫁犬子乎？」總是看自己是「一朵花」，看人家是「豆腐渣」，說話做事不顧大局，不計後果，導致了吳蜀聯盟的破裂。最後刀兵相見，關羽也落個敗走麥城、被俘身亡的下場。其實，人家來求婚，同意不同意在你，怎能出口傷人、以自己的個人好惡和偏激情緒，對待關係全局的大事呢？假若關羽少一點偏激，不意氣用事，那麼，吳蜀聯盟大概不會遭到破壞，荊州的歸屬可能也是另外一種局面。

關羽不但看不起對手，也不把同僚放在眼裡，名將馬超來降，劉備封其為平西將軍，遠在荊州的關羽大為不滿，特地給諸葛亮去信，責問說：「馬超能比得上誰？」老將黃忠被封為後將軍，關羽又當眾宣稱：「大丈夫終不與老兵同列！」

目空一切，氣量狹小，盛氣凌人，其他的人就更不在他眼裡，一些受過他蔑視侮辱的將領對他既怕又恨，以致當他陷入絕境時，眾叛親離，無人救援，促使他迅速走向敗亡。

輕視敵人的災禍是很大的，「幾喪我寶」。什麼是法寶？就是不爭而善戰的法寶，勝不驕、敗不餒之寶。況且驕傲輕敵，不僅喪失了不戰而勝的戰機，而且還招來殺身之禍。

如今這個年代，正所謂商場如戰場，優勝劣汰、適者生存的法則適用於我們每一個人，這就要求我們在激烈的競爭中永遠保持清醒，洞察競爭對手的一舉一動，制定出相應的對策，在競爭中取勝，不斷地發展和壯大自己。切忌以為自己已取得了一定的成績而驕傲自滿，這樣只會招來更大的失敗，自取滅亡。

70 被褐懷玉

【引語】

本章流露出老子對當時的統治者失望的情緒。他提出的一系列政治觀點，很容易理解，也很容易實行，卻沒有任何人理解和實行。

【原文】

吾言甚易知，甚易行。天下莫能知，莫能行。言有宗，事有君。夫唯無知，是以不我知。知我者希，則我者貴。是以聖人被褐懷玉。

【注解】

言有宗：言論有一定的主旨。事有君：做事有一定的根據。一本「君」作「主」。「君」指有所本。無知：指別人不理解。一說指自己無知。則：法則。此處用作動詞，意為效法。被褐：被，穿著；褐，粗布。懷玉：玉，美玉，此處引申為知識和才能。「懷玉」意為懷揣著知識和才能。

【譯文】

我的話很容易理解，很容易施行。但是天下竟沒有誰能理解，沒有誰能實行。言論有主旨，行事有根據。正由於人們不理解這個道理，因此才不理解我。能理解我的人很少，那麼能取法於我的人就更難得了。因此有道的聖人總是穿著粗布衣服，懷裡揣著美玉。

【故事】

從前，有一個小男孩，他非常自卑。因為在他的背上有兩道非常明顯的疤痕。這兩道暗紅色的疤痕從他的脖子一直延伸到後腰，上面布滿了扭曲的肌肉，看了之後令人悚然。所以，這個小男孩非常討厭他自己，非常害怕換衣服。

體育課是他最大的痛苦。當其他孩子個個高興地脫下不舒服的制服，換上輕鬆的運動服時，這個小男孩會一個人偷偷躲到角落裡，後背緊緊貼住牆壁，以最快的速度換上衣服，生怕其他人發現他的祕密。別人會怎麼看他？一個可憐到家、人人敬而遠之的殘疾孩子！但是，沒有不透風的牆，這個祕密還是被其他孩子發現了。

「好可怕喔！」「怪物！！」「不跟你玩了！」「你是怪物！」「你的背好恐怖哦！」天真的孩子無心的評論讓小男孩傷心不已，他哭著跑出了教室。從此，他再也不敢在教室裡換衣服了，再也不敢上體育課了。

這件事發生之後，男孩的媽媽特意帶著他去找班導師。小男孩的班導師是一位四十歲左右的女老師，她仔細地聽著男孩的媽媽講孩子疤痕的由來。

「在這孩子剛出生的時候，他就得了重病。當時本來想放棄他的，但是實在不忍心。一個可愛的生命好不容易誕生了，怎麼可以輕易地讓他離去？」媽媽說著說著，眼睛就紅了。「所以，我跟孩子的爸爸決定把他挽救回來，幸好當時有位高明的醫生願意嘗試透過手術的方法來救他。經過幾次手術，好不容易呀！他才活了下來，但是在他背上也留下這兩道永遠的疤痕……」

媽媽轉頭吩咐男孩，「來，把後背掀給老師看看……」男孩遲疑了一下，雖然極不情願，但還是脫下了上衣，讓老師看清楚那兩道恐怖的疤痕——與病魔抗爭勝利的佐證。老師驚訝地看著兩道疤痕，心疼地問道：「後背還痛嗎？」小男孩堅強地搖搖頭，「不痛了！」媽媽雙眼濕潤，「我的孩子真的很乖，上天對他已經很殘酷了，現在又給了他這兩道疤痕。唉！老師，還麻煩您多照顧他。」老師誠懇地點了點頭，輕輕撫摸著男孩的頭，「請放心，我一定會的！」

此時，班導師老師心潮澎湃，面對這樣一個自卑的孩子，自己能否為他重塑未來的人生軌跡？這不僅僅是一個教師的職責，也是天下善良的父母們對人類靈魂工程師們寄予的無限期望。上天為何帶給這個可憐的孩子兩道疤痕呢？突然，她腦海靈光一閃，不！這不是一個可憐的孩子，他是上天的寵兒！她又摸了摸男孩的頭，對他說，「明天的體育課上，你可以正大光明地跟同學們一起換衣服了。」男孩一臉驚恐，「……我害怕他們笑我……說……說我是怪物……我才不是怪物呢！」淚水在男孩眼圈裡不停地打轉，而老師的臉上卻綻出了慈祥的笑容。「放心，老師有辦法，以後沒人再笑你了。」「真的？」「真的！相不相信老師？」「相信。」「那我們勾勾手。」班導師老師伸出了小拇指，小男孩也毫不猶豫地伸出他的小拇指，「我相信您，老師。」媽媽、老師和男孩都笑了。

第二天，上體育課時，小男孩怯生生地躲在角落裡，脫下了他的上衣，果然不出他所料，同學中又傳出了讓他害怕和厭惡的聲音。「好噁心喔！」「他的背上長了兩隻蜈蚣。」「好可怕，我會做惡夢的！」小男孩雙眼睜的大大的，眼淚已經不聽話地流出來了。「我……我才不……不噁心呢！」

這時，教室門突然開了，班導師老師走了進來。有幾個同學立刻跑到她身旁，指著男孩的背，「老師您看，他的背好可怕啊！好像兩條大的蜈蚣。」老師沒有說話，而是慢慢地走向男孩，臉上露出詫異的表情。「這，哪裡是蜈蚣啊？這不是天使的翅膀嗎？」老師很專注地看著男孩的後背，然後對全班同學說，「老師以前聽過一個故事，你們想不想聽啊？」孩子們最喜歡聽故事了，異口同聲：「要聽！我們要聽！」老師指著男孩背上那兩條紅色疤痕，說道，「這是一個美麗的傳說，每一個小朋友都是天上的天使變成的，有的天使變成孩子的時候很快就把他們美麗的翅膀脫下來，而有些天使動作比較慢，長大了也還沒有脫下他們的翅膀……」

「哇……」孩子們發出了驚歎的聲音，「那，這就是天使的翅膀嗎？」「對啊！」老師臉上露出了神祕的微笑，「大家要不要互相檢查一下，看還有沒有人翅膀也像他一樣，沒有完全脫落下來呀？」班上的孩子沸騰起來，相互檢查後背，期待找出第二個「帶翅膀的天使」。但是，讓他們失望的是，除了那個男孩，再沒有第二個孩子帶著翅膀。

「老師，我背上有一道痕，是不是天使的翅膀啊？」一個戴眼鏡的女孩興奮地舉手問老師。

「老師，我後背也紅紅的，我也是天使！」一個男孩用力把自己後背揪得紅紅的。

孩子們爭相承認自己背上有疤痕，完全忘記了取笑男孩的事。男孩呢？原本哭紅了雙眼，此刻早已破涕為笑。

突然，一個女孩輕輕地說，「老師，我們可不可以摸一摸天使的翅膀啊？」

「這要問真正的天使肯不肯嘍！」老師向男孩眨了眨眼。小男孩鼓起勇氣，羞怯地說，「好吧！」女孩輕輕摸了一下他背上的疤痕，高興地叫了起來，「哇！好軟啊！我摸到天使的翅膀了！」所有孩子發瘋似的大喊，「我也要摸！我也要摸！」「我也要摸天使的翅膀！」於是，那堂體育課上出現了一幅奇特的景象，幾十個孩子排成長長的一隊，等著摸「天使的翅膀」。

男孩背對著大家，聽著每個人的讚歎聲、羨慕的嘖嘖聲，還有撫摸時那種奇異的麻癢感覺。他不再難過了！站在一旁的老師，偷偷對男孩做著勝利的手勢，男孩忍不住笑了起來。全班同學更為自己班上出現了一個天使而感到自豪。

男孩漸漸長大，他深深感謝老師當年一句「這不是天使的翅膀嗎？」因為這句話讓他重新找回了信心。上高中時，他勇敢地選擇了學習游泳，後來參加了全市的游泳比賽，還獲得了亞軍。他相信，自己背上那兩道疤痕是被老師愛心所祝福的「天使的翅膀」。

醜小鴨與白天鵝的故事常常在人間上演。

我們在看到人或事物外表的美醜時，是否想過去領悟他們的內涵？是否去積極發現其中的真善美？

任何人都有衰老的那一天，任何人都可能受難，任何東西都會有瑕疵。面對這一切，我們先要學會以寬容的態度去對待。

71 知不知上，不知知病

【引語】

這一章是人貴有自知之明的格言。在社會生活中，有一些人自以為是，不懂裝懂，剛剛瞭解了一些事物的皮毛，就以為掌握了宇宙變化與發展的規律；還有些人沒有什麼知識，而是憑藉權力地位，招搖過市，便擺出一副智者的架勢，用大話、假話欺人、騙人。對於這些人，老子大不以為然，並且提出了尖銳的批評。

【原文】

知，不知，上；不知，知，病。聖人不病，以其病病，夫唯病病，是以不病。

【注解】

知，不知：知道，卻不自以為知道。不知，知：不知道，卻自以為知道。

病病：把病當作病。

【譯文】

知道，卻不自以為知道，這是最好的；不知道，卻自以為知道，這就是毛病。聖人沒有這種毛病，是因為他把這個毛病當作毛病，只有把毛病當作毛病，所以才會沒有毛病。

【故事】

中國有句諺語：「聰明反被聰明誤」，說的就是這種情況。

聰明反被聰明誤最具代表的例子，莫過於楊修之死。

三國時期，曹操手下有一主簿名叫楊修，聰明博學、智慧過人。一次有人給曹操送來了一盒他很喜歡吃的酥點，曹操高興地在盒上寫了「一合酥」三個字。曹操因有事顧不得吃就出去了。楊修馬上打開盒子，叫大家將酥點分吃了。曹操查問此事，楊修說：您在盒上寫著「一合酥」，這不就是人們一人一口酥嗎？我們怎敢違背您的命令，就把它吃了！曹操雖然很不高興，但也無話可說。

還有一次，曹操路過蔡文姬家，攜楊修拜訪。曹操參觀居室，看到了一幅碑文圖軸，於是問文姬這圖的出處。

文姬說：「這是邯鄲淳表揚一位孝女的碑文，當時他一揮而就，眾人驚奇。我父觀此文，寫了幾個大字於碑後，就是『黃娟幼婦，外孫韲臼』。」

曹操不明所解，遂問誰人可解。楊修就說他已明白其中涵義了。曹操打個手勢阻止了他，說：「讓我先想想。」曹操離開了宅所，走了三里，才想到了答案。他向楊修說：「你可以說了。」

楊修解釋道：黃娟是黃色的絲娟，「絲」傍「色」，是「絕」字；幼婦是少女，「女」傍「少」，是「妙」字；外孫是婦女的兒子，「女」傍「子」，是

「好」字；薤臼是用來受五辛（五葷）的，「舌」傍「辛」，是「辭」字。此正是「絕妙好辭」四字。曹操本是個嫉賢妒能的人，聽了這話就恨恨地說：「你真聰明！我和你的智慧相差三里之遠呢！」

終於在魏蜀戰爭中，曹操找到了殺楊修的機會。

當時，曹操領兵攻打漢中，駐軍於斜谷界口，處於進退兩難的境地，正在這時，廚子給曹操送來雞湯，湯中有塊雞肋，曹操感慨萬分。這時，夏侯淳來請示口令，曹操隨口說道「雞肋！肋！」

楊修聽到口令之後，馬上收拾行裝。夏侯淳見了，問他為什麼？楊修說：雞肋食之無味，棄之可惜。宰相把漢中當做雞肋，就是留在這裡沒有必要了，要準備回去了。所以我先收拾好行李。

曹操知道楊修猜中他的心意，萬分嫉恨，藉口楊修擾亂軍心，把楊修殺了。

楊修之死，就在於自作聰明。他不知道，君王喜歡有人輔佐，卻不喜歡被人超過。蘇東坡說：「人皆養子望聰明，我被聰明誤一生；惟願孩兒愚且魯，無災無難到公卿。」這雖然是蘇東坡對當朝的諷刺，但也說明，一個人自作聰明是很難立身處世的。

賣弄小聰明只是自作聰明，賣弄機巧更是愚不可及，因為這樣違背了自然無為的生活態度。老子認為只有拋棄機巧才是大巧：「最圓滿的東西好像有所欠缺，可是它的作用不會衰竭；最充實的東西好像仍舊空虛，可是它的作用不會窮盡；最正直的好像是彎曲的，最靈巧的好像是笨拙的，最好的口才好像結結巴巴的」。

72 自知自愛，不自見自貴

【引語】

這一章著重講統治者要有自知之明，反對採取高壓政治，反對肆無忌憚地壓榨百姓。他希望統治者不要自居高貴，而要自知、自愛，拋棄自見和自貴，這樣，他就不會遭到人民的反抗。

【原文】

民不畏威，則大威至。無狹其所居，無厭其所生。夫唯不厭，是以不厭。

是以聖人自知不自見，自愛不自貴。故去彼取此。

【注解】

夫唯不厭，是以不厭：只有不壓榨人民，人民才不會厭惡統治者。不自見：「見」，音現，作表現講。「不自見」即不自我表揚。自愛，不自貴：指聖人但求自愛而不求自顯高貴。去彼取此：指捨去「自見」和「自貴」，而取「自知」和「自愛」。

【譯文】

人民不畏懼統治者的威壓，則更大的禍亂就要發生了。不要逼迫人民的居處，不要壓榨人民的生活。只有不壓榨人民，人民才不會厭惡統治者。因此，有道的人但求自知而不自我表揚；但求自愛而不自顯高貴。所以捨去後者而取前者。

【故事】

有一個富人是一個很懂得自愛和自知的人，他很善良，幫助貧窮的人，而人們從來沒有感覺到他在顯示和炫耀自己，而是一種朋友式的關心，親切自然，得到眾人的讚許和尊敬。於是，有人就問這個富人是如何做到的，怎會有這樣的心態？富人就為那個人講了他自身的一件事。

富人因原來的房子破舊了，就重建了一棟房子，還特意為那個新房子做了一個很大的屋檐，為那些無家可歸的人提供一個可以躲避雨雪的地方。房子建好後，果然有很多的窮人來到這裡躲避雨雪。但是人多吵雜，使富人一家無法正常的生活，為此他家裡的人時常與那些窮人爭吵，結果鬧得很不愉快。

第二年冬天的一個晚上，有一個老人凍死在屋檐下。那些與他家人爭吵過的人，就紛紛罵他為富不仁。過了些日子，一次颱風的侵襲，把富人的大屋檐掀翻了，那些與富人不和的人就幸災樂禍，並說這是上天的懲罰。富人吸取了教訓，在修建屋檐的時候，將屋檐建得很小，把省下來的錢建了一所小房子。雖然房子小了些，並且比較簡陋，但是給了那些窮困無家的人一個真正的避風港，所有在這裡得到暫時庇護的人，都對建這座房子的主人表示感謝。而富人不僅滿足了自己行善的心願，也得到了很好的口碑。

富人最終明白了一點：施人以愛其實就是自己獲得自愛的保證，只能讓他人感覺到這是一種關懷，而不能讓他人感覺到是施捨，更不能讓他人感覺到有仰人鼻息的自卑感，因為一旦受助者有了這種感覺，那就變成了敵人。

所以，真正的自知和自愛，不是強調自己對自己的肯定，而是看重他人對此的感受，只有他人感覺到平等的時候，我們的自知與自愛才能得到充分的崇敬！

這也正是老子所說的聖人所要取得的。

一個人只有瞭解了自己，才能去瞭解別人；但瞭解自己的前提是要有「自知之明」，要清楚的瞭解自己是個什麼樣的人，才能正確的對自己做出評價。

73 天網恢恢，疏而不漏

【引語】

在這一章中，圍繞一個中心在展開，這個中心就是自然而然，凡是刻意的、強求的、執著的、過分的東西都不自然。任何人為之事，不管怎樣的努力，即使再周密也終有一疏。

【原文】

勇於敢則殺，勇於不敢則活。此兩者，或利或害，天之所惡，孰知其故？是以聖人猶難之。天之道：不爭而善勝，不言而善應，不召而自來，繟然而善謀。天網恢恢，疏而不漏。

【注解】

勇於敢則殺，勇於不敢則活：勇於堅強就會死，勇於柔弱就可活。天之道：自然的規律。繟然：坦然、安然、寬緩。天網：自然的範圍。恢恢：寬大、廣大。

【譯文】

勇於堅強就會死，勇於柔弱就可活。這兩種勇的結果，有的得利，有的遭害。天道所厭惡的，誰知道是什麼原故？這是聖人也很難瞭解的。自然的規律，是不爭攘而善於得勝，不說話而善於回應，不召喚而自動來到，寬緩而善於籌策。自然的範圍廣大無邊，稀疏而不會有一點漏失。

【故事】

《聖經》裡記載著這樣一個故事。

大約兩千年之前，以色列人在其國王大衛的鼓動下，侵入亞捫人的國土，並且很快包圍了亞捫人的國都拉巴城。

消息傳到耶路撒冷，大衛十分高興。這天晚上，大衛離開王座，帶幾個貼身的衛士，來到王宮的平台上散步。月光如水，宮殿以及周圍的樹林披上一層皎潔的銀光。忽然，大衛發現有一個女子正在平台下面的河水裡洗澡，只見她身材苗條，膚色白皙，美貌絕倫，蓋世無雙。看著看著，大衛不禁覺得心旌搖蕩，完全被這個女人給迷住了。

事後，大衛派人跟蹤打聽，才知道這個女人名叫拔示巴，是赫人烏利亞的妻子。

怎樣才能把拔示巴弄到手呢？大衛苦思冥想，一條借刀殺人的計謀在他心中形成了。

第二天，大衛把烏利亞召上殿，神色嚴肅地對他說：「前線的戰事正緊，我有一封密信需要你儘快送到前線去，親手交給約押元帥。」烏利亞不敢怠慢，騎快馬找到了約押元帥。約押元帥打開密信一看，只見上面寫著：「……派烏利亞到戰鬥最激烈的地方去，當敵人衝過來的時候，你們便後退，單獨留下烏利亞，讓敵人把他殺死。」約押元帥猜不透國王的葫蘆裡賣的是什麼藥，但不得不照信中說的去做。

烏利亞在戰場上陣亡的消息使拔示巴異常悲痛。為了討好拔示巴，大衛派人前去慰問，並送去十分豐厚的禮品。拔示巴對大衛十分感激。不久，她成了大衛的王妃，後來還為他生了一個兒子。

《聖經》在此章的最後一節中，對大衛的陰險行為進行了抨擊和詛咒：上帝十分不悅，他派先知拿單去斥責大衛：「為什麼要做這種可憎的事情？你借亞捫人的刀，殺死了烏利亞，然後奪去他的妻子，這實在是太可惡了。由於你的行為，使上帝的敵人有了褻瀆主的理由，所以拔示巴為你生的這個兒子將會死去！」

儘管大衛很喜愛這個兒子，苦苦地向上帝祈求，可是上帝的預言還是應驗了。沒過多久，大衛的兒子便死去了。

善有善報，惡有惡報。做壞事的人必定受到懲罰。

74 民不畏死

【引語】

本章論述了不可嚴刑的治國之理，老子對於當時嚴刑峻法，逼使人民走向死路的情形，提出沉痛的抗議。

【原文】

民不畏死，奈何以死懼之？若使民常畏死，而爲奇者，吾得執而殺之，孰敢？常有司殺者殺，夫代司殺者殺，是謂代大匠斲。夫代大匠斲者，希有不傷其手矣。

【注解】

奇：奇詭。「為奇」，指為邪作惡的行為。司殺者：專管殺人的，指天道。代司殺者：代替專管殺人的。斲：砍，削。

【譯文】

人民不畏懼死亡，為什麼用死亡來恐嚇他？如果使人民真的畏懼死亡，對於為邪作惡的人，我們就可以把他抓來殺掉，誰還敢為非作歹？經常有專管殺人的去執行殺的任務。那代替專管殺人的去執行殺的任務，這就如同代替木匠去砍木頭一樣。那代替木匠砍木頭，很少有不砍傷自己的手的。

【故事】

有這麼一個故事：

歐洲有一家以人為本的製造公司，它們因極少解僱員工而名遠全球。

一天，一個資深老員工為了趕在中午休息之前完成三分之二的零件，在切割台上工作了一會兒之後，就圖省事的把切割刀前的防護擋板卸下放在一旁，因為沒有防護檔板，收取加工零件來就會更方便更快捷一點。

大約過了一個多小時，老員工的舉動被無意間走進工廠巡視的經理逮了個正著。

經理雷霆大發，除了目視著老員工立即將防護板裝上之外，又站在那裡控制不住地大聲訓斥了半天，並聲稱要扣除老員工一整天的工資。

事到此時，老員工以為結束了，沒想到，第二天一上班，人力資源部門就來人通知老員工去見老闆。在那間老員工受過好多次鼓勵和表彰的總裁辦公室裡，他聽到了要將他辭退的處罰通知。

總裁說：「身為老員工，你應該比任何人都明白安全對於公司意味著什麼。你今天少完成幾個零件，少實現了利潤，公司可以換個人換個時間把它們補回來，可是你一旦發生事故失去健康乃至生命，那是公司永遠都補償不起的……」

老員工央求道：「我以後再也不會犯這樣的錯誤了，看在以前我的工作成績份上，您就再給我一次機會吧……」

總裁斷然拒絕：「如果我容忍了你這一次，你可能還會有第二次；即使你以後不會再犯這樣的錯誤了，但別人呢？別人會以為我既然能夠對你開恩，也就不會對別人下手，按照這樣的推理，我們公司要是每個員工都犯一次你這樣的錯誤，還能夠生存下去嗎？」

離開公司那天，老員工流淚了，工作了幾年時間，他有過風光，也有過不盡人意的地方，但公司從沒有人對他說不行。可是這一次不同，老員工知道，他這次碰到的是公司靈魂的東西。

管理一個企業，需要領導者該「狠」的時候就不能優柔寡斷，該「軟」的時候就不能一意孤行。當公司的靈魂性東西受到威脅時，管理者必須殺一儆百。

75 無以生爲者，是賢於貴生

【引語】

老子在這一章裡提出了「三不一要」的忠告。「三不」，我們不要挨餓受窮，不要太個人主義，不要貪圖一時享受；「一要」，人要有點精神上的追求。唯有這樣，我們的生命才叫有意義，才能稱得上真正珍視生命並懂得生活的人。

【原文】

民之饑，以其上食稅之多，是以饑。民之難治，以其上之有爲，是以難治。民之輕死，以其上求生之厚，是以輕死。夫唯無以生爲者，是賢於貴生。

【注解】

有為：政令煩苛；強作妄為。以其上求生之厚：由於統治者奉養奢厚。無以生為：不把厚生奢侈作為追求的目標。賢：勝。貴生：厚養生命。

【譯文】

人民之所以饑餓，就是由於統治者吞吃稅賦太多，因此陷於饑餓。人民之所以難治，就是由於統治者強作妄為，因此難以管治。人民之所以輕死，就是由於統治者奉養奢厚，因此輕於犯死。只有清靜恬淡的人，才勝於奉養奢厚的人。

【故事】

春秋時代，越國有一名叫西施的絕色美女，她有心病，在村裡總是皺著眉頭。

西施的鄰里中，有一名叫東施的醜女，每次見到西施捧著心口的模樣，覺得很美。她便在村裡，也模仿西施捧著胸口、皺著眉頭的模樣。為此，村裡人誰見到她，都唯恐避之不及。東施只知道皺著眉頭的西施是美的，卻不知道西施為何即使是皺著眉頭，也是美的，只會一味的模仿，而不求真義。這個故事就是著名的「東施效顰」。

它看似簡單，但包含有深刻而又冷峻的智慧哲理。事實上，愛美之心，人皆有之，東施也不例外，她因一味的模仿而失去了本真，結果是適得其反。形貌尚且如此，講到人的品質、品格與品性行為，就更是如此。就人品而論，人品就有好與壞、高潔與卑劣、可信與不可信之分，而這些，都透過每個人的個性、情趣愛好、行為追求和人際關係的處理等等展現出來。

如果世人都能本著自然之道，以最純真樸實的本性與人相處，不矯揉造作，那麼人與人之間的關係將更加融洽，人類社會必將更加和諧。

76 強大處下，柔弱處上

【引語】

這一章以生活中常見的現象，反覆說明這樣一種觀點：柔弱勝剛強。老子向來主張貴柔、處弱，他從直觀的認識角度，看到了人初生之時，身體是柔弱的，死了以後就變得堅硬了，草木初生之時也是柔弱的，死了以後就變得枯槁。

【原文】

人之生也柔弱，其死也堅強。萬物草木之生也柔脆，其死也枯槁。故堅強者死之徒，柔弱者生之徒。是以兵強則不勝，木強則兵。強大處下，柔弱處上。

【注解】

柔弱：指人體的柔軟。堅強：指人體的僵硬。帛書甲、乙本「堅強」上有「筋朋」二字。枯槁：形容草木的乾枯。死之徒：屬於死亡的一類。生之徒：屬於生存的一類。

【譯文】

人活著的時候身體是柔軟的，死了的時候就變成僵硬了。草木生長的時候形質是柔脆的，死了的時候就變成乾枯了。所以堅強的東西屬於死亡的一類，柔弱的東西屬於生存的一類。因此用兵逞強就會遭受滅亡，樹木強大就會遭受砍伐。凡是強大的，反而居於下位，凡是柔弱的，反而占在上面。

【故事】

明武宗死後不久，朝廷大事全由大學士楊廷和主持。在入稟太后的情況下，楊廷和遂傳遺詔，罷威武團練諸營，所有入衛京師的邊兵，都發給重資遣歸原地。

這時，兵馬提督江彬正忙於改組團營，無暇入宮，故未得武宗的死訊。他接到罷團營遣邊兵的遺詔，不覺大驚，急忙和心腹商議對策。有人建議趁皇帝歸天之機，起兵造反。江彬心懷異志已久，巴不能速圖大事。但他又覺得事情重大，遂派安邊伯許泰入閣探聽消息，然後再作打算。

楊廷和知道許泰是「來者不善，善者不來」。寒暄過後，楊廷和面帶微笑地說：「許伯爵來了甚好，我等因大行皇帝倉猝晏駕，諸事忙亂，頭緒繁雜，本欲請諸公前來協助辦理，偏是遺詔上面寫著『罷團營，遣邊兵』，這些事情還要仰仗江提督妥為解決，所以一時沒有奉請，還望見諒。」許泰見楊廷和態度和緩，所言極是，遂解除了疑慮，回去向江彬復命。許泰一走，楊廷和立即與志同道合的幕僚密談，決定伺機捕拿江彬。楊廷和又命手下的魏彬急速入宮密稟太后，太后對他的計劃當即允准。

楊廷和又見江彬一次，稟告內閣情形，言辭平易謙恭，江彬遂心情安舒，不復他想。過了一日，江彬帶衛士數人前往大內。等候在門口的魏彬見江彬到來，便上前說道：「坤寧宮正居落成，今安置屋脊獸吻，昨奉太后懿旨，派大員及工部致祭，江公來的正是時候。」江彬滿心歡喜，忙換了衣服，入宮致祭。祭畢出來，又遇到楊廷和的心腹張永，張永格外親切邀他宴飲。酒過數巡，忽然傳報有太后旨到。江彬接旨時才知太后要逮他入獄，他推案而起，跨馬而去。城門早已關閉，江彬被官兵擒獲。

楊廷和在政局不穩、危機四伏的情況下，用笑裡藏刀的計謀，使江彬失去了應有的警覺，貿然前往宮中，束手就擒，落得個身敗名裂的下場。

77 爲而不恃，功成不處

【引語】

在這一章，老子以「天之道」來與「人之道」作對比，主張「人之道」應該效法「天之道」。老子把自然界保持生態平衡的現象，歸之於「損有餘而補不足」，因此他要求人類社會也應當改變「損不足以奉有餘」的不合理、不平等的現象，效法自然界的「損有餘而補不足」，「損有餘以奉天下」，展現了他的社會財富平均化和人類平等的觀念。

【原文】

天之道，其猶張弓與！高者抑之，下者舉之；有餘者損之，不足者補之。

天之道，損有餘而補不足；人之道，則不然，損不足以奉有餘。孰能有餘以奉天下？唯有道者。是以聖人爲而不恃，功成而不處，其不欲見賢。

【注解】

張弓：《說文解字》：「張，施弓弦也。」

【譯文】

自然的規律，就像拉開弓弦一樣吧！弦位高了就把它壓低，弦位低了就把它升高；有餘的加以減少，不足的加以補充。自然的規律，減少有餘，用來補充不足；人世的行徑，就不是這樣，卻要剝奪不足，而用來供奉有餘的人。誰能夠把有餘的拿來供給天下不足的？這只有有道的人才能做到。因此有道的人，作育萬物而不自恃己能，有所成就而不以功自居，他不想表現自己的聰明才智。

【故事】

真正的聰明人，往往是深藏不露的。班傑明・富蘭克林之所以獲得很多人的支持，就在於他從不自視甚高。他在自傳中說：「我立下一條規矩，絕不正面反對別人的意思，也不讓自己武斷。我甚至不准自己表達文字上或語言上過分肯定的意見。我絕不用『當然』、『無疑』這類詞。而是用『我想』、『我假設』或『我以為』之類的詞。時間長了就養成了習慣。五十年來，沒有人聽到我講過太武斷的話。這種習慣，使我提交的新法案能夠得到同胞的重視。儘管我不善於辭令，更談不上雄辯，遣詞用字也很遲鈍，有時還會說錯話，但一般來說，我的意見還是得到了廣泛的支持。」

正是因為自己的謙虛，富蘭克林在自己的周圍團結了無數的支持者。

不以名為名，就可以在名分上跳舞；不以財為財，就可以在財富上睡覺。這是難得的自由，是一種放掉沉重包袱的輕鬆感覺。

78 弱之勝強，柔之勝剛

【引語】

本章以水為例，說明弱可以勝強、柔可以勝剛的道理。

【原文】

天下莫柔弱於水，而攻堅強者莫之能勝。以其無以易之。弱之勝強，柔之勝剛，天下莫不知，莫能行。是以聖人云：「受國之垢，是謂社稷主；受國之不祥，是謂天下王。」正言若反。

【注解】

以其無以易之：憑藉著水流動的力量改變它們。無，指水的活潑、流動、侵蝕等特性。易，改變。垢：污垢，此處為屈辱之意。社稷：社是土地神，稷是穀神。中國古代以農業為生，全靠土地、五穀，每年要祭祀土地神、穀神，以求豐收。故又將社稷指為國家。

【譯文】

天下之物論柔弱莫過於水，而在攻克堅強的東西方面沒有什麼能勝過它。水憑藉流動的力量改變著它們。這便是柔克剛、弱勝強，恐怕天下無人不知道，只是沒有人實行罷了。因此聖人有句話說得好，能夠承受起國家屈辱的人，可以作為社稷的領導；敢於承擔起國家危難的人，才能擔當人民的領袖。忠言逆耳，好話卻不好聽。

【故事】

有一次，常樅問老子自己的舌頭在不在，老子答在；他又問牙齒，老子答沒有了。常樅問老子這樣答的理由，老子回答說：「老師您年紀大了，舌頭還在，是因為它柔軟；而牙齒掉了，是因為它剛強。」

常樅在肯定老子回答的同時進一步啟發他，這個道理不僅對舌頭、牙齒如此，對天下萬事萬物都同樣適用。

79 天道無親，常與善人

【引語】

本章繼續討論「損有餘而補不足」的道理，提示為政者不可蓄怨於民，警告統治者不要激化與老百姓之間的矛盾。因為積怨太深，就難以和解，用稅賦去榨取百姓，用刑法去箝制百姓，都會結怨於民。

【原文】

和大怨，必有餘怨，安可以爲善？是以聖人執左契，而不責於人。有德司契，無德司徹。天道無親，常與善人。

【注解】

有德司契：講利益之德的人，會格外講究恩怨功過的憑證記錄。司契，掌握著（恩怨功過）的憑證記錄。無德司徹：講道義之德的人則主張徹底消除恩恩怨怨。天道無親：天道倫理講的是情深義重。無親，情義上相親相愛、相濡以沫。常與善人：一定與善良的人心靈相通。與，與……相通。

【譯文】

和解了大的仇怨，必然還存有餘怨，這樣怎麼能說得上是友善呢？因此聖人待人守柔處下，就像掌握左契，只給予人而不向別人索取。講利益之德的人，會格外講究那些恩怨功過的憑證記錄，而講精神之德的人，則主張徹底消除各種恩恩怨怨。倫理道德講的是情深義重，大家相親相愛、相濡以沫，這一定與善良的人心靈相通。

【故事】

羅傑是個多愁善感的小夥子，花落草枯都可能引起他的無限感觸。如果僅僅是情感世界的豐富也就罷了，可是他常常一言不發地凝神靜思，有時還會莫名其妙地哀聲嘆氣。

在長吁短嘆中，日子飛快地流逝了。直到有一天，過了而立之年的羅傑偶然碰到一位心理學博士，當博士聽他訴說了自己的苦惱後，一言道破了其中的原因：「你過去之所以從未快樂過，關鍵在於你總把已經逝去的一切看得比實際情況更好，總把眼前發生的一切看得比事實更糟，總把未來的前景描繪得過分樂觀，而到時候卻又無法達到。如此形成了惡性循環，自然就鑽入『庸人自擾』的境界裡了。」

心理學博士還說：「你的性格弱點就在於好高騖遠，總是向世界提出不切實際的要求，可是你並不清楚那是無法達到的。你想在片刻之間就解決人生的全部問題，自然就對昨天、今天和明天產生這樣或那樣的憂愁了。」

這世界上的一個奇特現實是：成功的人永遠是少數，但失敗和庸碌無為的人卻很多，而且，成功者越活越充實、瀟灑，而失敗者卻過著空虛、艱難的生活。你想到過沒有，能否喚起心中的激情，擁有積極的心態，很大程度上已決定了你的成功與否。

要成功必先懂得做人，做人應處在方圓之間。仔細地觀察一下，我們就會發現做事的成功與失敗的主要原因在於人的心態。

80 小國寡民

【引語】

老子在本章提示了可獲得社會安定和平，人民安居樂業、和睦相處的方法，即在於少欲、慎重治國。

【原文】

小國寡民，使有什伯之器而不用，使民重死而不遠徙。雖有舟輿，無所乘之；雖有甲兵，無所陳之。使民復結繩而用之。甘其食，美其服，安其居，樂其俗。鄰國相望，雞犬之聲相聞，民至老死不相往來。

【注解】

結繩：人類在創造文字之前，用繩子打結記事記數的方法。此處指上古時代天真純樸的社會風尚及人們天真純樸的精神境界。

【譯文】

國土狹小人民稀少，即使有十倍百倍人工的器械卻不使用，使人民重視死亡而不向遠方遷移。雖然有船隻車輛，卻沒有必要去乘坐；雖然有鎧甲武器，卻沒有機會去陳列。使人民回復到結繩記事的狀況。人民有甜美的飲食，美觀的衣服，安適的居所，歡樂的習俗。鄰國之間可以互相看得見，雞鳴狗吠的聲音可以互相聽得著，人民從生到死，互不往來。

【故事】

一個朋友講述了這麼一個故事：

曾見識過這麼一位人力三輪車師傅，五十多歲，看得出他年輕時相貌堂堂，如果去唱歌，應該屬偶像級的。問他為什麼願意從事這樣的工作，他笑著從車上跳下，並誇張地走了幾步給我看，哦，原來是跛足，左腿長，右腿短，天生的。

我有點不忍。可是他卻很坦然，仍是笑著說，為了能不走路，踩三輪車，便是最好的偽裝，這也算是「英雄有用武之地」。不時，他還轉過頭「告慰」我：「我老婆很漂亮，兒子也很帥！」

坐他的車，如沐春風。他說，自己沒有讀什麼書，有好體力，踩三輪車，很環保，也可養家餬口，一天可掙上百元，他有「人生三願」，即吃得下飯，睡得著覺，笑得出來。

就因為這「三願」，我多付了他一倍車錢，他非常高興。他是真的快樂。這讓我想起另一位跛女子，她喜歡跳舞，因為微跛，一些弧步反而跳得更美麗、流暢，所以她成了舞廳皇后，她總結說：「我利用了我的不足！」

而另一位女子喜歡自助旅行，一路上拍了許多照片，並積極出版發行。記者在採訪她時，她很認真地說：「因為我長得醜，所以很有安全感，如果換成章子怡或張柏芝等美女一個人自助旅行，那就很危險了，我得感謝我的醜！」

英國有位作家兼廣播主持人，他叫湯姆·撒克，事業、愛情皆得意，但他只有一百三十公分，他不自卑，別人只學會「走」，他學會了「跳」，所以，他成功了，他有句豪言壯語「我能夠得到任何想要的東西」。

有一位著名作家總是這樣對自己說：「如果沒出生在世，我就無法聽到踩在腳底的雪發出的吱吱聲，無法聞到木材燃燒的香味，也無法看到人們眼中愛的光芒，更不可能享受到因為自己的奮鬥而帶來的成功的快樂……能活在世間，是一件多麼幸運的事啊！我為什麼不盡情地享受生活中的每一天？」

生活如琴，讓輕鬆的夢幻曲在我們的指間滑落；生活如歌，用蝴蝶、月光、鳥鳴寫成一首首「讓心靈燃燒的歌」。只有永遠擁有充滿夢想和激情的心靈，才能真正懂得生活的意義，也才能從真正的意義上享受生活！

81 聖人之道，爲而不爭

【引語】

本章是《道德經》的最後一章，應該是全書正式的結束語。前三句講人生的主旨，後兩句講治世的要義。本章的格言，可以作為人類行為的最高準則，例如：信實、訥言、專精、利民而不爭。人生的最高境界是真、善、美的結合，而以真為核心。我們應以聖人為鑑，做到為而不爭。

【原文】

信言不美，美言不信。善者不辯，辯者不善。知者不博，博者不知。聖人不積，既以爲人己餘有，既以與人己愈多。天之道，利而不害；聖人之道，爲而不爭。

【注解】

積：積蓄。有：有道德，有高尚的品德。多：對道徹悟的愈多。

【譯文】

真實的言詞不華美，華美的言詞不真實。行為良善的人不巧辯，巧辯的人不良善。真正瞭解的人不廣博，廣博的人不能深入瞭解。有道的聖人不私自積藏，他儘量幫助別人，自己反而更充足；他儘量給予別人，自己反而更豐富。自然的規律，利物而無害；人間的行事，施為而不爭奪。

【故事】

木村事務所這幾年發展順利。就是有一樁事不順——近郊的一塊地皮對於建齒科材料廠再合適不過，可是，前後半年內木村董事長不知見過地主多少次，費盡口舌，但那倔強的老婦人絲毫不為所動。

一個下雪天，老婦人上街時順路來到木村事務所。她本意是想見到木村後告訴他：「死了買地這條心！」推開門，老婦人覺得穿著骯髒的木屐進去不合適，就在那裡呆呆佇立著。

「歡迎光臨！」這時一位年輕女職員出現在婦人面前。她這時沒有拖鞋可給老婦人換，就把自己穿的拖鞋脫下來，整齊地擺在老婦人腳前，笑著說：「很抱歉，請穿這個好嗎？」

女職員不在乎腳底的濕冷，對躊躇不前的老婦人說：「別生氣，請穿吧！我沒什麼關係。」為老婦人穿好拖鞋，女職員再問道：「老太太，您要找誰呢？」

「謝謝！我要見木村先生。」

「他在樓上，我帶您去見他。」女職員像女兒扶母親那樣扶老婦人上樓。

老婦人穿在腳底的拖鞋是溫暖的，而更使她感到溫暖的，是這位素不相識的女孩子溫暖的心。突然間，老婦人恍然大悟：「是啊！人不能只求自己的利益，也該為別人著想呢！」於是她改變主意，決定把土地售與木村。

有時一個小小的動作，一句溫暖的話，會改變一件事的進程。如果每個人都以仁慈之心對待別人，站在對方的立場上考慮的話，那還有什麼事情不可以解決呢？

※為保障您的權益，每一項資料請務必確實填寫，謝謝！

姓名		性別	□男　□女
生日	年　月　日	年齡	
住宅地址	郵遞區號□□□		
行動電話		E-mail	

學歷

□國小　□國中　□高中、高職　□專科、大學以上　□其他＿＿＿

職業

□學生　□軍　□公　□教　□工　□商　□金融業
□資訊業　□服務業　□傳播業　□出版業　□自由業　□其他＿＿＿

謝謝您購買 道德經：老子道德文化的真理 與我們一起分享讀完本書後的心得。務必留下您的基本資料及電子信箱，使用我們準備的免郵回函寄回，我們每月將抽出一百名回函讀者，寄出精美禮物以及享有生日當月購書優惠！想知道更多更即時的消息，歡迎加入"永續圖書粉絲團"

您也可以使用以下傳真電話或是掃描圖檔寄回本公司電子信箱，謝謝！

傳真電話：（02）8647-3660　電子信箱：yungjiuh@ms45.hinet.net

●請針對下列各項目為本書打分數，由高至低5～1分。

項目	5	4	3	2	1	項目	5	4	3	2	1
1.內容題材	□	□	□	□	□	2.編排設計	□	□	□	□	□
3.封面設計	□	□	□	□	□	4.文字品質	□	□	□	□	□
5.圖片品質	□	□	□	□	□	6.裝訂印刷	□	□	□	□	□

●您購買此書的地點及店名＿＿＿

●您為何會購買本書？

□被文案吸引　□喜歡封面設計　□親友推薦　□喜歡作者
□網站介紹　□其他＿＿＿

●您認為什麼因素會影響您購買書籍的慾望？

□價格，並且合理定價是＿＿＿　□內容文字有足夠吸引力
□作者的知名度　□是否為暢銷書籍　□封面設計、插、漫畫

●請寫下您對編輯部的期望及建議：

★請沿此線剪下傳真、掃描或寄回，謝謝您寶貴的建議！

221-03

新北市汐止區大同路三段194號9樓之1

傳真電話：（02）8647-3660

E-mail：yungjiuh@ms45.hinet.net

培育

文化事業有限公司

讀者專用回函

道德經：老子道德文化的真理

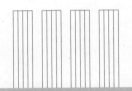

培 養 文 化 育 智 心 靈 的 好 選 擇

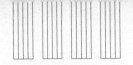